# Vegetarisch Kochen

## Die besten Rezepte

# Vegetarisch Kochen

## Die **besten** Rezepte

a cook book

# Inhalt

# Salatsaucen & Garnituren

Sie machen Salate erst richtig interessant.

**»Expreß«-Mayonnaise** aus ganzen Eiern gelingt nur im Mixer – aber in Sekundenschnelle: 2 Eier auf niedrigster Stufe im Mixer mit 1 TL Salz, 1/2 TL frisch gemahlenem weißem Pfeffer und 1 TL Essig oder Zitronensaft mischen. Den Mixer weiterlaufen lassen und 350 ml Öl in kräftigem Strahl dazugießen.
Die Mayonnaise bis zum Gebrauch fest verschlossen und kühl aufbewahren.

Eine der berühmtesten und wandlungsfähigsten Saucen ist sicherlich die Mayonnaise. Es gibt sie zwar in guter Qualität fertig zu kaufen, doch läßt sie sich auch relativ einfach selbst herstellen, wenn man einige Regeln beachtet. Oberstes Gebot, schon im Hinblick auf die eigene Gesundheit, ist die Verwendung absolut top-frischer Eier von bester Qualität – hier darf man auf keinen Fall Kompromisse eingehen! Und für die Herstellung gilt, ganz gleich, ob man die Sauce im Mixer zubereitet oder von Hand rührt, daß alle Zutaten unbedingt dieselbe (nicht zu niedrige) Temperatur aufweisen müssen. Nur so ist gewährleistet, daß Eigelb und Öl gut binden und eine feincremige, stabile Emulsion entsteht. Wird sie zu dick, kann man sie mit etwas Zitronensaft oder Essig nach Wunsch wieder ein wenig »verdünnen«. Mit einer ordentlichen Portion Knoblauch läßt sich das Grundrezept zur spanischen Knoblauchsauce, mit Kräutern, Sardellenfilets, Kapern und Gurken zur Remouladensauce

**Mayonnaise von Hand rühren:**
3 Eigelbe mit 1 Messerspitze Senf, 1 Prise Salz, frisch gemahlenem weißem Pfeffer und 1 Spritzer Zitronensaft cremig rühren.
Von 1/2 l Öl (das kann ganz nach Wunsch Oliven- oder geschmacksneutrales Öl sein) etwa ein Drittel tropfenweise unterrühren.
Die restlichen zwei Drittel des Öls in dünnem Strahl zugießen und dabei ununterbrochen weiterrühren.
Zum Schluß 1 EL warmes Wasser unterrühren, um die Emulsion zu stabilisieren. Die fertige Mayonnaise sollte halbfest sein.

**Vinaigrette zubereiten:**
2 EL Essig, 1 TL mittelscharfen Senf, 1/4 TL Salz und frisch gemahlenen Pfeffer verrühren, bis sich das Salz gelöst hat.
Nach und nach mit dem Schneebesen 6 EL Öl unterrühren, so daß sich das Öl fein verteilt und eine Emulsion entsteht.
Die fertige Vinaigrette kann dann nach Belieben weiter verfeinert werden – etwa mit gehackten Kräutern oder fein gewürfelten Zwiebeln.

und mit etwas Weinbrand, Cumberland-sauce, Tabasco und Tomatenketchup zur Cocktailsauce abwandeln.
Die leichtere und frischere Vinaigrette ist in der Zubereitung unkomplizierter; doch gibt es auch hier zwei Punkte zu beachten. So sollte man, bevor das Öl zugegossen wird, Essig und Gewürze gründlich verrühren, bis sich alle Salz- und/oder Zuckerkristalle gänzlich aufgelöst haben. Nur so läßt sich eine gleichmäßige Würzung erzielen. Zusätzliche Zutaten wie gehackte Kräuter, Zwiebeln oder Ei werden zuletzt untergemischt. Steht eine Vinaigrette zu lange, bevor sie verwendet wird, kann sich das Öl wieder vom Essig trennen und sich an der Oberfläche absetzen. Kräftiges Durchrühren mit dem Schneebesen schafft in diesem Fall Abhilfe.
Was die Sauce für den Geschmack, ist die Garnitur für das Aussehen. Oft genügt bereits ein Bestreuen mit gehackten Kräutern, um einen Salat noch appetitlicher zu machen. Und wer seinen Gästen etwas Besonderes servieren will, sollte sich durchaus einmal an Gemüseschnitzereien versuchen – damit reizvolle Akzente zu setzen, ist einfacher, als man denkt!

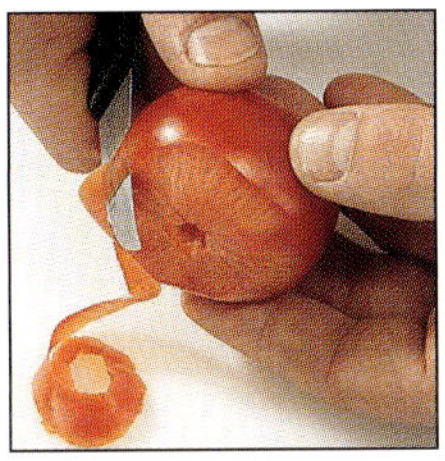

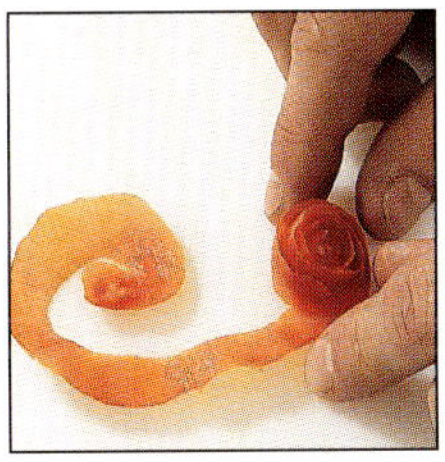

**Garnituren aus Tomaten:**
Für eine »Rose« die Frucht in einem gleichmäßig breiten Streifen abschälen. Je länger der Streifen wird, desto besser.
Den Streifen ganz eng so aufrollen, daß die glänzende Schalenseite nach außen weist. Zu einer Rose zurechtrücken.
Aufgerollte Rosen und eine »Knospe«, bestehend aus keilförmigen Stücken, die aus einer halben Frucht herausgeschnitten wurden.

**Garnituren aus Radieschen:**

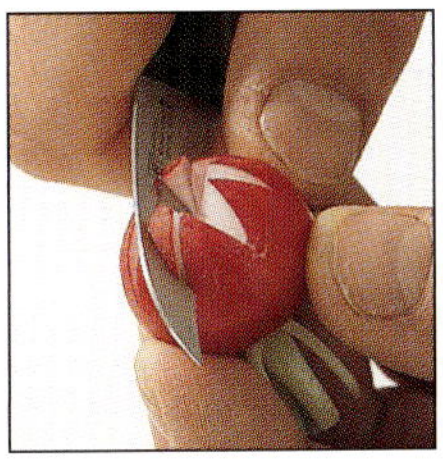

Das Radieschen am Grün festhalten, die Wurzel entfernen und die Oberseite in der Mitte kreuzweise einkerben.

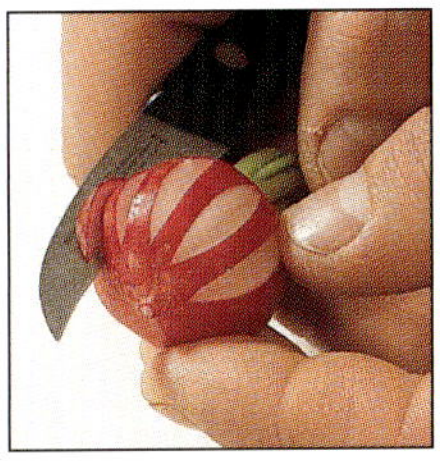

Für »Lampions« aus dem Radieschen rundum keilförmige Stücke herausschneiden, so daß nur schmale Stege stehen bleiben.

Der aparte Kontrast zwischen roter Schale und weißem Inneren ist es, der geschnitzte Radieschen zum Blickfang werden läßt.

**Garnituren aus Frühlingszwiebeln:**

Den festen Teil einer Frühlingszwiebel mehrfach kreuzweise einschneiden. Je tiefer die Schnitte, desto stärker rollt sich das Grün.

Die fertig zugeschnittenen Stücke für kurze Zeit in Eiswasser legen. Dadurch biegen sich die eingeschnittenen Stengel nach außen.

»Knospen« und Büschel aus Frühlingszwiebeln: Sowohl der weiße Teil mit den Wurzeln als auch der grüne läßt sich verwenden.

# Eier, Milch & Käse

Nur frische und beste Zutaten garantieren bei Aufläufen, Soufflés und Gratins den Erfolg.

Bei Eiern, Milch und Sahne ist Frische oberstes Gebot. Beim Käse – der für die meisten Aufläufe und Gratins gebraucht wird – muß aus dem großen Angebot am Markt die richtige Wahl getroffen werden. Denn vom richtigen Käse, von seinem Geschmack, seinem Fettgehalt und seiner Schmelzfähigkeit hängt es ab, ob das Gericht gelingt oder nicht. Ob Auflauf, Soufflé oder Gratin – allen dreien ist gemeinsam, daß bei ihrer Herstellung Eier und Milchprodukte verwendet werden. Die Eier geben dem Soufflé seine Luftigkeit, oder sie binden die Flüssigkeit in süßen und salzigen Aufläufen. In Kombination mit Milch oder Sahne werden sie zu einer Royale – so der küchentechnisch korrekte Ausdruck – verrührt, mit der viele Auflaufgerichte übergossen werden. Eier der Güteklasse A und der Gewichtsklasse M entsprechen den Rezeptangaben in diesem Buch. Zum Backen und Überbacken eignen sich zahlreiche Käsesorten. Die nebenstehende Abbildung zeigt eine Auswahl von Käsen, die in den Rezepten Verwendung finden. Welcher für die einzelnen Gerichte in Frage kommt, hängt ganz von der Eigenheit des Käses und dem gewünschten Resultat ab, ob ein eher würziger oder milder Geschmack erreicht werden soll, ob das Gratin knuspriger oder weicher ausfallen soll. Regionale Spezialitäten sollten, wenn möglich, mit einem Käse aus der Gegend zubereitet werden. Verlangt ein Rezept nach geriebenem Käse, sollte dieser immer erst vor Gebrauch frisch gerieben werden.

**1) Pecorino toscano.** Mittelreif eignet er sich mit seiner leichten Süße für mild gewürzte Gratins. **2) Parmigiano-Reggiano.** Durch den geringen Fettgehalt schmilzt er sehr langsam und garantiert so beim Gratinieren eine krümelige Kruste. **3) Mimolette vieille.** Alter Schnittkäse mit viel Geschmack zum Würzen von Käsesaucen oder zum Überbacken. **4) Montasio mezzano.** Mittelalter Schnittkäse aus Oberitalien, würzig und ideal zum Gratinieren. **5) Holländischer Gouda, mittelalt.** Preiswerter Schnittkäse für Saucen und zum Überbacken. **6) Emmentaler.** Je nach Alter mild bis pikant. Für Käsesaucen. Beim Gratinieren schmilzt er stark. **7) Pyrenäenkäse aus Schafmilch.** Mit seinen 45% F.i.Tr. hat er einen zarten Schmelz. **8) Pecorino fiore sardo.** Weißlich-gelber Hartkäse, der mit zunehmender Reife fest bis hart und pikant bis scharf wird. **9) Fontina.** Leicht schmelzender Rohmilch-Käse mit würzig-süßlichem Aroma. **10) Cheddar.** Traditioneller englischer Käse mit mindestens 48% F.i.Tr. **11) Alter Gouda.** Über 2 Jahre alter Käse aus Holland, würzig bis pikant. **12) Kaşar peyniri.** Feinkörniger Knetkäse aus der Türkei. **13) Tilsiter.** Würziger Schnittkäse aus Deutschland. **14) Schweizer Tilsiter.** Würzig, feinschmelzend. **15) Pyrenäenkäse aus Kuhmilch.** Halbharter Schnittkäse. **16) Provolone.** Gebrühter Knetkäse aus Italien, von mild bis pikant. **17) Feta.** Halbfester bis weicher Schafmilchkäse aus Griechenland, in Lake eingelegt. **18) Manchego.** Spanischer Hartkäse aus Schafmilch. **19) Greyerzer, Gruyère.** Mit seinem kräftigen Aroma ideal zum Gratinieren. **20) Tomme de Savoie.** Französische Spezialität aus Savoyen mit typischem grauen Schimmelüberzug. **21) Roquefort.** Blauschimmelkäse mit charakteristischem Aroma. **22) Fourme d'Ambert.** Geschmacklich ausgeprägter Edelpilzkäse. **23) Blue Stilton.** Englischer Blauschimmelkäse. **24) Appenzeller.** Schweizer Rohmilchkäse mit markantem Geschmack. **25) Gorgonzola.** Klassischer Blauschimmelkäse aus Italien. **26) Mozzarella aus Kuhmilch.** Zartschmelzend. **27) Valençay.** Mildes Ziegenmilcharoma. **28) Ziegenfrischkäse,** ungereift.

# Mehle & Gewürze

Vom richtigen Schrot, Korn und Geschmack – denn zum Brotbacken muß man wissen, was wozu taugt.

**Unterschiedliche Angebotsformen von Weizen,** von oben nach unten: Weizenmehl Type 405, Type 550, Type 1050, Type 1700 und feiner Schrot.

Zwar kann man fast jedes Getreide, ob Weizen, Roggen, Hafer, Gerste, Hirse, Mais oder Reis, zu Mehl vermahlen. Doch verbacken lassen sich einige dieser Mehle nicht so ohne weiteres. Das hängt damit zusammen, daß zwar alle Getreidekörner zum großen Teil aus Stärke bestehen, jedoch ansonsten erhebliche Unterschiede in der Zusammensetzung aufweisen, beispielsweise im Proteingehalt. Zum Backen sind die Eigenschaften vor allem eines dieser Eiweißstoffe wichtig, die des Klebers, auch Gluten genannt. Der Kleber ist dafür verantwortlich, daß sich im Teig eine Art Gerüst ausbildet – das im übrigen durch Salzzugabe zusätzlich stabilisiert werden kann –, in dem sich die durch Triebmittel erzeugten Gasbläschen festsetzen, dadurch eine Porung des Teiges bewirken und so eine lockere Krume ergeben. Optimale Backeigenschaften weist der Kleber des Weizenmehls auf; er braucht jedoch eine gewisse Zeit, bevor er richtig arbeiten kann. Deswegen müssen Mürbteige vor der Verarbeitung ruhen und Hefeteige eine Weile kräftig durchgeknetet werden. Pur kann außer Weizen- auch Roggenmehl verbacken werden, dann allerdings mit Sauerteig als Triebmittel, doch für alle übrigen Getreide empfiehlt sich eine Beimischung von Weizenmehl, wenn der Teig schön aufgehen soll.

Vor allem rustikalere Brote werden gern aus Mischungen von Weizen- mit Gersten-, Hafer- oder Maismehl gebacken, denn solche Brote haben einen herzhaften Geschmack. Der hängt jedoch nicht allein von der Getreidesorte ab, sondern auch vom Ausmahlungsgrad des Mehls. Dieser Grad ist bei handelsüblichen Mehlsorten an der Typenbezeichnung zu erkennen, die den Mineralstoffgehalt in 100 g Mehl angibt. Der Gehalt ist umso höher, je weniger von den äußeren Schichten des Korns vor dem Mahlen entfernt wurde. Gerade in diesen Bestandteilen stecken jedoch die meisten Mineral- und Ballast- sowie Geschmacksstoffe. Deshalb kann man verkürzt sagen: Je höher die Typenzahl des Mehls, desto höher der Nährwert und desto kräftiger der Geschmack. Ein Weizenmehl der Type 405 (die im Haushalt gebräuchlichste Sorte) hat pro 100 g Mehl einen Mineralstoffanteil von 405 mg, eines der Type 1700 (Weizenvollkornmehl) dagegen 1700 mg. In ähnliche Typenklassen wird hierzulande auch das Roggenmehl eingeteilt. Den Ausmahlungsgrad erkennt man auch an der Farbe des Mehls, denn je heller es wirkt, desto stärker ausgemahlen ist es. Außer Mehl ist fürs Brotbacken auch Schrot von Bedeutung. Für seine Herstellung werden entspelzte ganze Getreidekörner grob zerkleinert oder gar nur gequetscht. Schrotbrote – zu dieser Gruppe gehören die oft auch Vollkornbrote genannten schweren Sorten, wie etwa das Rheinische Schwarzbrot oder der berühmte westfälische Pumpernickel – zeichnen sich durch eine relativ dichte Krume sowie einen leicht süßlichen Geschmack aus. Bei Schrotbroten sind im Anschnitt die grob zerkleinerten Getreidekörner noch deutlich erkennbar.

Weizen

Dinkel

Roggen

Mais

**Kräuter, Samen und Gewürze für pikantes Gebäck: (1) Basilikum, (2) Thymian, (3) Schnittlauch, (4) Rosmarinnadeln, (5) Dill** und **(6) Knoblauch:** für Brotteige, vor allem aber für pikante Füllungen und Beläge. Knoblauchstückchen und frische Kräuter am besten nicht der direkten Ofenhitze aussetzen. **(7) Pfeffer,** das Universalgewürz für Aroma und Schärfe zugleich. **(8) Pistazien, (9) Sonnenblumen-** und **(10) Kürbiskerne** werden in den Teig geknetet oder dienen zum Bestreuen von Broten oder Brötchen. Sie alle sorgen für einen feinen Nußgeschmack. **(11) Rote** und **grüne Chilischoten** geben vor allem südamerikanischen und Texmex-Spezialitäten erst die richtige Schärfe. **(12) Schwarze** und **(13) helle ungeschälte** sowie **(14) geschälte Sesamsamen** sind im östlichen Mittelmeergebiet und im Nahen Osten zum Bestreuen von Fladenbroten und Hefekringeln gebräuchlich. **(15) Zigerklee.** Eine sehr würzige Steinkleeart, deren getrocknete junge Blattspitzen in der Schweiz und in Tirol als Brotgewürz beliebt sind. **(16) Kardamomkapseln, gebleicht.** Von kräftig aromatischem Geschmack, der ein wenig an Zitrusfrüchte erinnert. Gemahlen auch gern für Weihnachtsgebäck wie Lebkuchen verwendet. **(17) Bockshornkleesamen** werden vor Gebrauch meist geröstet, da sie roh unangenehm bitter sind. Vor allem im Mittleren Osten und in Indien als Brotgewürz verwendet. **(18) Piment** (auch Nelkenpfeffer oder Neugewürz genannt) schmeckt ein wenig nach Nelken, Zimt und Muskat. Ein klassisches Gewürz für Weihnachtsgebäck. **(19) Mohnsamen** dienen häufig zum Bestreuen von Brötchen. Sie entwickeln ihren nußähnlichen Geschmack erst bei höheren Temperaturen. **(20) Anissamen** haben ein lakritzähnliches Aroma, das hierzulande, aber auch im Mittelmeergebiet zum Würzen von Brot geschätzt wird. **(21) Fenchelsamen –** die Pflanze ist nicht nur mit der Anispflanze verwandt, beide Samen haben auch einen recht ähnlichen Geschmack. Wird gemahlen mit Anis, Kümmel und weiteren aromatischen Samen zu fertig angebotenem »Brotgewürz« gemischt, das vor allem für Roggenteige Verwendung findet. **(22) Koriandersamen** schmecken süß-scharf und erinnern an Orangen. **(23) Leinsamen** oder Leinsaat sind hierzulande ein klassischer Brotzusatz. Ballaststoff- und fettreich, entwickeln sie nach einer besonderen Behandlung einen nußartigen Geschmack. **(24) Kümmelsamen –** in Mittel- und Osteuropa das Brotgewürz schlechthin, vor allem für Roggenbrote. **(25) Schwarzkümmel,** aromatisch-scharf, dient vor allem in der Türkei und in der arabischen Welt zum Bestreuen von Fladenbroten aus Weizenmehl. **(26) Kreuzkümmel** stammt aus dem Mittelmeerraum und besitzt einen sehr typischen, bitter-scharfen Geschmack.

Hafer

Gerste

# Vorspeisen & Salate

Klein aber fein: So sind die Köstlichkeiten, die man als Entrée zu Beginn eines Menüs, als kleinen Snack zum Apéritif oder auch einfach zwischendurch mit einem Gläschen Wein reichen kann. Lassen Sie sich von den Rezepten dieses Kapitels verführen!

# Tomaten und Käse

Es muß nicht immer Mozzarella pur sein – viele Käsesorten eignen sich für einen Sommersalat.

ZUTATEN

**600 g Tomaten**

**100 g weiße Zwiebeln**

**40 g schwarze Oliven**

**einige Blättchen Basilikum**

**Salz**

**grob zerstoßener schwarzer Pfeffer**

**Büffelmozzarella**

**Gorgonzola piccante**

**frisch gehobelter Parmesan**

**4 bis 5 EL natives Olivenöl extra**

ZUBEREITUNG

1 Die Tomaten waschen, Stielansatz entfernen und in etwa 4 mm dicke Scheiben schneiden. Die Zwiebeln schälen und in feine Ringe schneiden.

2 Die Tomatenscheiben auf Tellern anrichten, und mit den Zwiebelringen, den Oliven und den Basilikumblättern belegen. Die Tomaten mit Salz und Pfeffer bestreuen.

3 Büffelmozzarella und Gorgonzola in Scheiben schneiden, zwischen den Tomatenscheiben verteilen. Den gehobelten Parmesan nach Belieben darüberstreuen und alles mit Olivenöl beträufeln.

»Insalata Caprese«, also Tomaten mit Mozzarella, Basilikumblättern und Olivenöl, ist für manchen der italienische Salat schlechthin. In diesem Rezept ist er zusätzlich mit Zwiebeln, Oliven und zwei weiteren Käsesorten angereichert, was seine Zubereitung nur unwesentlich aufwendiger macht. Die Qualität der Zutaten ist allerdings von höchster Bedeutung. Nur vollreife Tomaten, aromatisches Basilikum und feinstes kaltgepreßtes Olivenöl kommen für einen solchen Salat in Frage. Was den Käse anbelangt, so sollte es unbedingt »Mozzarella di bufala«, also Mozzarella aus Büffel- und nicht aus Kuhmilch, sein, und beim Gorgonzola gibt man am besten einem würzigen »piccante« den Vorzug: »Gorgonzola dolce« wäre zu mild und zu weich. Für den Parmesan gilt: Frisch muß er sein, darf also keine weißen Kristalle aufweisen, und er wird vom Stück über den Salat gehobelt!

**TOMATEN UND FRISCHES BASILIKUM** – beide sonnenverwöhnt – sind an Aroma kaum zu übertreffen. Ausgangsbasis für viele italienische Gerichte, schmecken sie aber frisch, als mediterraner Salat, besonders gut.

# Salat von Wildkräutern mit zweierlei Saucen

Ob Joghurtsauce oder Vinaigrette – das bleibt ganz dem eigenen Geschmack überlassen.

ZUTATEN

**500 g Wildkräuter nach Wahl**

Für das Joghurtdressing:

**150 g Naturjoghurt (3,5 %)**

**50 g Crème fraîche**

**30 g Frühlingszwiebel**

**1 Knoblauchzehe**

**1 Bund Schnittlauch**

**2 EL Himbeer- oder Apfelessig**

**Salz**

**frisch gemahlener schwarzer Pfeffer**

Für die Kräutervinaigrette:

**30 g weiße Zwiebel**

**2 EL Honigessig (5% Säure)**

**1 EL Limettensaft**

**Salz**

**frisch gemahlener Pfeffer**

**4 bis 5 EL Olivenöl**

**2 EL gehackte Kräuter**

ZUBEREITUNG

1 Die Wildkräuter putzen, in mundgerechte Stücke zupfen, sorgfältig waschen und trockenschleudern.

2 Für das Joghurtdressing Joghurt und Crème fraîche in einer Schüssel mit dem Schneebesen glattrühren. Die Frühlingszwiebel putzen und sehr fein hacken. Knoblauch schälen und ebenfalls fein hacken. Den Schnittlauch in Röllchen schneiden, zusammen mit dem Essig, Salz und Pfeffer unter die Joghurtcreme mischen und alles gut verrühren.

3 Für die Kräutervinaigrette die Zwiebel schälen und sehr fein hacken. In einer Schüssel den Essig mit dem Limettensaft, Salz und Pfeffer verrühren, bis sich das Salz gelöst hat. Das Olivenöl gut untermischen. Zuletzt Zwiebel sowie gehackte Kräuter, zum Beispiel Petersilie, Kerbel, Thymian oder Pimpinelle einrühren.

Wildkräuter führen oft ein »Schattendasein«. Dabei haben sie sowohl an Geschmack als auch an Vitaminen und Mineralstoffen einiges zu bieten. Die Brennessel etwa hat mehr Vitamin C als Zitronen. Sind ihre Blätter bereits etwas größer, sollten sie zwischen 2 Tüchern mit dem Nudelholz ausgerollt werden, damit sich die Härchen legen. Sehr wohlschmeckend und gesund ist auch junger Löwenzahn. Er kann mit seinem milden, leicht bitteren Aroma in Salaten üppig verwendet werden. Sauerampfer hingegen ist nur würzende Beigabe und schmeckt am besten, wenn er vor der Blüte geerntet wird. An Bachufern oder in träge fließenden Gewässern wächst die aromatisch-scharfe Brunnenkresse, die sich gerade für feine Frühlingssalate hervorragend eignet. Auch für sie gilt: Vor der Blüte ernten. Besonders würzig ist Bärlauch, der mit seinem ausgeprägten Knoblauchgeschmack einen Wildkräutersalat ideal ergänzt. Verwenden kann man außerdem Kapuzinerkresse, Melisse, Minze, Portulak oder Löffelkraut. Als attraktive Dekoration bieten sich eßbare Blüten, etwa Gänseblümchen, Stiefmütterchen *(Viola tricolor)* oder Salbeiblüten, an. Bei der Auswahl des Dressings schließlich sind der Kreativität kaum Grenzen gesetzt. Die vorgestellten Saucen beispielsweise können sowohl solo als auch in Kombination gereicht werden.

**AUS DEM GARTEN DER NATUR:** Im Frühjahr ist ein wohlschmeckender Salat aus verschiedenen selbstgesammelten Wildkräutern genau das Richtige. Wer das Besondere liebt, streut ein paar Blüten darüber.

# Gefüllte Brandteigringe mit Ananas-Apfel-Salat

Nicht nur Blätterteigpasteten, auch luftige Gebilde aus Brandteig sind wie geschaffen für pikante Füllungen.

## ZUTATEN

Für den Brandteig:

**1/8 l Milch**

**125 g Butter**

**1/2 TL Salz**

**220 g Mehl**

**5 bis 6 Eier**

Für die Frischkäsecreme:

**250 g Doppelrahmfrischkäse**

**50 ml Sahne**

**Salz, frisch gemahlener Pfeffer**

Für den Apfel-Ananas-Salat:

**1 Ananas (von etwa 1,2 kg)**

**500 g Äpfel**

**200 g Mayonnaise, Salz, frisch gemahlener Pfeffer**

**1 Chicorée**

**5 Ananassalbeiblättchen in Streifen**

Außerdem:

**Öl und Mehl fürs Blech, grobes Salz zum Bestreuen**

## ZUBEREITUNG

1 Den Brandteig herstellen. Dafür in einer Kasserolle 1/8 l Wasser, Milch, Butter und Salz aufkochen. Das Mehl auf einmal in die kochende Flüssigkeit schütten und die Masse sofort mit dem Kochlöffel glattrühren. So lange rühren, bis sich ein Kloß bildet und eine weiße Haut den Topfboden überzieht. Den Teig in eine Rührschüssel umfüllen, etwas abkühlen lassen.

2 Die Eier nacheinander unterrühren. Erst wenn ein Ei vollständig in den Teig eingearbeitet ist, das nächste zufügen. Ein Blech mit wenig Öl bepinseln und mit etwas Mehl bestauben.

3 Den Teig in einen Spritzbeutel mit Sterntülle Nr. 9 füllen und Kreise (6 cm Durchmesser) in ausreichendem Abstand auf das Blech spritzen. Die Ringe mit grobem Salz bestreuen und bei 220 °C im vorgeheizten Ofen etwa 15 Minuten »mit Schwaden« backen. Dafür beim Einschieben des Blechs 1 Tasse Wasser auf den Boden des Ofens gießen, die Tür sofort schließen. Der entstehende Dampf läßt das Gebäck sich noch besser entwickeln. Die Ringe aus dem Ofen nehmen, etwas abkühlen lassen. 4 davon quer halbieren.

4 Für die Käsecreme den Frischkäse, die Sahne sowie Salz und Pfeffer schaumig schlagen. Ist die Creme noch nicht spritzfähig, etwas Sahne zugießen. Die Creme kühlstellen.

5 Von der Ananas die Blattkrone abschneiden, nicht zu dünn schälen, damit die Augen weitestgehend entfernt werden; die restlichen Augen mit einem spitzen Obstmesser ausschneiden. Strunk entfernen und das Fruchtfleisch in kleine Stücke schneiden. Äpfel waschen, vierteln, Kerngehäuse entfernen und in dünne Spalten schneiden.

6 Ananasstücke und Äpfel in einer Schüssel mit der Mayonnaise vermischen, salzen und pfeffern. Chicorée in Blätter teilen, die bitteren Enden abschneiden. Die Käsecreme in einen Spritzbeutel mit Sterntülle Nr. 9 füllen, jeweils auf die untere Ringhälfte spritzen. Den Deckel aufsetzen. Chicoréeblätter auf Teller verteilen, den Salat darauf anrichten, mit Ananassalbei bestreuen und je 1 gefüllten Brandteigring daneben anrichten.



**DIE ANGEGEBENE MENGE BRANDTEIG** reicht für etwa 30 Ringe. 4 davon werden für dieses Rezept benötigt, die restlichen lassen sich wunderbar einfrieren und schmecken, kurz aufgebacken, mit den unterschiedlichsten Füllungen.

**ANANASSALBEI** besticht durch seinen betörenden Duft nach Ananas. Beim Verzehr der Blätter ist davon allerdings weniger zu spüren. Gerade für Salate ist das ursprünglich aus Mexiko stammende Kraut gut geeignet.

# Nüsslisalat mit gebratenen Steinpilzen

Mit dieser herzhaften Kreation zeigt sich der Herbst von seiner besten Seite.

## ZUTATEN

Für den Holunderblütenessig:

**100 g Holunderblüten**

**1 l Weißweinessig (5 % Säure)**

**1 EL rote Pfefferkörner**

Für den Salat:

**60 g luftgetrockneter durchwachsener Speck**

**60 g weiße Zwiebel**

**250 g Steinpilze**

**300 g Feldsalat**

**3 Scheiben Weißbrot ohne Rinde**

**1 kleine Knoblauchzehe**

**60 g Butter**

**Salz**

**frisch gemahlener schwarzer Pfeffer**

**1 EL gehackte Petersilie**

Für die Vinaigrette:

**2 EL Holunderblütenessig**

**Salz**

**frisch gemahlener Pfeffer**

**1 Prise Zucker**

**3 EL Weißwein**

**5 EL Traubenkernöl**

## ZUBEREITUNG

1 Für den Essig die Holunderblüten unter fließendem kaltem Wasser waschen und gut abtropfen lassen. Die Blüten in ein Glasgefäß füllen, mit dem Essig aufgießen und mit den roten Pfefferkörnern würzen. Den Essig 14 Tage in der Sonne oder an einem warmen Ort stehen lassen, durchseihen, zum Gebrauch in kleine Flaschen füllen und verschließen.

2 Den durchwachsenen Speck in kleine Würfel schneiden. Die Zwiebel schälen und fein hacken. Eine Pfanne heiß werden lassen, die Speckwürfel darin etwas anbraten, die Zwiebel kurz mitschwitzen. Speck und Zwiebel aus der Pfanne nehmen und beiseite stellen.

3 Die Steinpilze sorgfältig putzen und längs in Scheiben schneiden. Den Feldsalat putzen, gründlich waschen und sehr gut abtropfen lassen.

4 Das Weißbrot in $^{1}/_{2}$ cm große Würfel schneiden, den Knoblauch schälen. 30 g Butter in einer Pfanne zerlassen und die Brotwürfel darin goldgelb braten, den Knoblauch durch die Knoblauchpresse dazupressen, kurz mitbraten und beides herausnehmen. Die restliche Butter in einer Pfanne zerlassen, die Pilze kurz darin anbraten, salzen, pfeffern und die Petersilie einstreuen.

5 Für die Vinaigrette den Essig mit den Gewürzen und dem Weißwein in einer Schüssel so lange verrühren, bis sich das Salz gelöst hat, dann das Öl unterrühren. Den Feldsalat auf Tellern anrichten, die Speck- und Zwiebelwürfelchen darüberstreuen. Die gebratenen Pilze daneben anrichten, mit den Croûtons bestreuen und mit der Vinaigrette beträufeln.

Ein Kraut – viele wohltönende Namen: Feldsalat, Ackersalat, Rapunzelsalat heißt es in Deutschland, Vogerlsalat in Österreich und Nüsslisalat in der Schweiz. Der Salat ist, wie immer man ihn nennt, zwischen September und Februar als Freilandgewächs und von Februar bis Mitte März aus dem Treibhausanbau erhältlich. Mit seinem feinherben, nussigen Aroma bietet er eine ideale Ergänzung zu gebratenen Steinpilzen.



**HOLUNDERSTRÄUCHER ODER -BÄUME** blühen in den Monaten Juni und Juli. Ihre Blüten haben einen herben, leicht süßlichen Geschmack und sind vielseitig verwendbar. Wenig bekannt, aber sehr empfehlenswert ist die Möglichkeit, sie zu einem aromatischen Essig zu verarbeiten.

**STEINPILZE,** die adeligen Waldbewohner aus der Familie der Röhrlinge, scheuen das Wasser. Am besten putzt man sie sorgfältig mit einem Lappen. Gebraten, wie in diesem Salat, verlangen sie nach einem gut gekühlten trockenen Riesling als Begleiter.

# Paprikaschoten mit Schafskäse gefüllt

Dazu passen eine pikante Kapernvinaigrette und türkisches Fladenbrot.

ZUTATEN

**6 rote Spitzpaprika (je etwa 80–100 g)**

Für die Käsefüllung:

**250 g Feta, 80 ml Sahne, 1 Eigelb**

**1 EL gehackte Petersilie**

**frisch gemahlener Pfeffer, Salz**

Für die Kapernvinaigrette:

**30 g in Salz eingelegte Kapern**

**5 EL Olivenöl**

**2 EL Weinessig**

**1 EL Zitronensaft**

**30 g gehackte weiße Zwiebel**

**1 fein gehackte Knoblauchzehe**

**1 TL Thymianblättchen**

**frisch gemahlener schwarzer Pfeffer**

**Salz**

Außerdem:

**Öl zum Auspinseln der Form**

**2 EL Olivenöl zum Beträufeln**

**einige kleine Blätter Romana-Salat zum Garnieren**

ZUBEREITUNG

1 Die Paprikaschoten vorbereiten, wie in der Bildfolge rechts gezeigt, und im auf 220 °C vorgeheizten Ofen backen, bis die Haut Blasen wirft. Die Schoten unter einem feuchten Tuch »schwitzen« lassen und die Haut abziehen.

2 Für die Füllung den Feta mit einer Gabel zerdrücken, mit Sahne, Eigelb, Petersilie und Pfeffer gründlich vermengen. Die Käsemischung nach Belieben salzen und in die vorbereiteten Schoten füllen.

3 Eine feuerfeste Form mit Öl auspinseln, die Schoten einlegen, mit Öl beträufeln und im vorgeheizten Ofen bei 190 °C etwa 15 Minuten garen. Herausnehmen und vollständig erkalten lassen.

4 Für die Vinaigrette die Kapern kurz in einem Sieb mit kaltem Wasser abspülen und gut abtropfen lassen. Das Öl, den Essig, den Zitronensaft, die Zwiebel, den Knoblauch, den Thymian und den Pfeffer verrühren und die Kapern untermischen. Die Vinaigrette nach Belieben salzen.

5 Den Romana-Salat putzen, waschen und gut abtropfen lassen. Die Paprikaschoten mit einigen Salatblättern auf Tellern anrichten, mit der Vinaigrette beträufeln und servieren.

Von den Paprikaschoten zunächst den Stielansatz mit einem scharfen Messer kreisförmig herausschneiden.

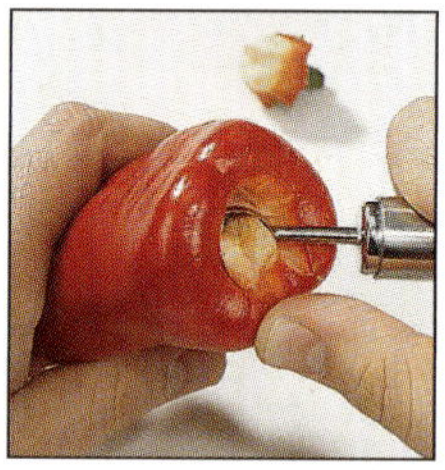

Die Samen und die Scheidewände sorgfältig herauskratzen – das geht am einfachsten mit einem Kugelausstecher.

**SCHWARZKÜMMEL-SAMEN** sorgt mit seinem pfeffrigen Aroma für den unverwechselbaren Geschmack des türkischen Fladenbrots.

**DIE FÜLLUNG FÜR DIE PAPRIKASCHOTEN** läßt sich nach Belieben noch ein wenig anreichern – hier etwa mit 50 g luftgetrocknetem, in feine Würfel geschnittenem Schinken.

# Mangoldroulade mit Tomatenfüllung

Der Teig ist hier einmal kein »richtiger« Biskuit, sondern wird mit einer cremigen Béchamelsauce zubereitet.

ZUTATEN

Für die Füllung:

**800 g Tomaten**

**60 g weiße Zwiebel**

**2 Knoblauchzehen**

**4 EL Olivenöl**

**Salz, Pfeffer**

Für den Teig:

**200 g Mangoldblätter, Salz**

**50 g Butter**

**50 g Mehl**

**220 ml Milch**

**frisch gemahlener Pfeffer, frisch geriebene Muskatnuß**

**3 Eier**

Für den Salat:

**$^1/_2$ Chicorée, $^1/_2$ Radicchio di Treviso**

**20 g Rucola, 1 Handvoll Frisée-Salat**

**20 g weiße Zwiebel, 1 Knoblauchzehe**

**20 entsteinte schwarze Oliven, 1 EL Weißweinessig**

**Salz, frisch gemahlener Pfeffer, 4 EL Olivenöl**

**1 EL gehackte Kräuter, 1 Spritzer Zitronensaft**

**Zesten von $^1/_4$ unbehandelten Zitrone**

ZUBEREITUNG

1 Die Tomaten für die Füllung blanchieren, abschrecken, häuten, von Stielansätzen und Samen befreien, das Fruchtfleisch klein würfeln. Zwiebel und Knoblauch schälen, fein hacken. Das Olivenöl erhitzen, Zwiebel- und Knoblauchwürfel darin anschwitzen. Die Tomatenwürfel zufügen, kurz mitbraten, salzen und pfeffern.

2 Die Mangoldblätter putzen und gut waschen. In Salzwasser blanchieren und kalt abschrecken. Gut ausdrücken und den Mangold fein hacken.

3 Butter zerlassen und das Mehl unter Rühren darin anschwitzen. Die Milch zugießen, alles etwa 10 Minuten unter Rühren köcheln, würzen und abkühlen lassen. Die Eier trennen, die Eigelbe vorsichtig unter die Sauce ziehen und den Mangold untermengen. Eiweiße mit einer Prise Salz steif schlagen und unterheben. Die Masse auf ein mit Backpapier ausgelegtes, 30 x 40 cm großes Blech streichen und bei 190 °C im vorgeheizten Ofen 15 bis 20 Minuten backen. Herausnehmen und auf eine Arbeitsfläche stürzen. Das Backpapier von der Unterseite abziehen und die Tomatenmasse darauf verstreichen. Die Roulade aufrollen und in 3 cm dicke Scheiben schneiden.

4 Die Salate in einzelne Blätter teilen. Diese putzen, waschen, in Stücke zerpflücken und trocknen. Zwiebel und Knoblauch schälen, beides fein hacken. Die Oliven halbieren. Essig, Salz und Pfeffer verrühren, bis sich das Salz gelöst hat, dann das Öl untermischen. Zwiebel, Knoblauch, Oliven, Kräuter (Rosmarin, Thymian, Salbei, Petersilie), Zitronensaft und Zesten untermengen.

5 Die Salatblätter auf Tellern verteilen und mit der Vinaigrette beträufeln. Die Scheiben der Mangoldroulade daneben anrichten und servieren.

**Zum Aufrollen** der Mangoldroulade kann man entweder eine lange Palette zu Hilfe nehmen, oder man stürzt den Teig auf ein Küchentuch und wickelt ihn damit auf.

# Fenchel-Orangen-Salat

Eine Maghrebinische Spezialität – mit einem pikanten Dressing.

Der Norden des afrikanischen Kontinents, »al-Magrib» oder auch »Maghreb« genannt, hat kulinarisch einiges zu bieten. Insbesondere die marokkanische Küche ist für ihre schmackhafte und abwechslungsreiche Kost berühmt. Grund dafür ist sicher nicht zuletzt der Reichtum des Landes an landwirtschaftlich nutzbaren Flächen, etwa der zentralen Hochebene, wo unter anderem Getreide und Oliven angebaut werden. Nicht nur in der marokkanischen Küche, aber dort in ganz besonderem Maße, mischen sich die verschiedensten kulturellen Einflüsse; französische, arabische und iberische Spuren sind auszumachen – zum Vorteil des Geschmacks der Speisen. Vor allem Gewürze sind sehr wichtig, und sie dürfen auch in einem erfrischenden Salat nicht fehlen, ebensowenig wie das gute heimische und deshalb preiswerte Olivenöl. Zum Dressing gehören außerdem meist – wie auch hier – reichlich Knoblauch, frischer Koriander, Cayennepfeffer und Paprikapulver.

ZUTATEN

**4 Orangen (je 250 g)**

**100 g rote Zwiebeln**

**600 g Fenchel**

**80 g marokkanische schwarze Oliven**

Für die Salatsauce:

**2 EL Zitronensaft**

**5 EL Orangensaft**

**1 TL edelsüßes Paprikapulver**

**1 Messerspitze Cayennepfeffer**

**Salz, frisch gemahlener schwarzer Pfeffer**

**2 Knoblauchzehen**

**6 EL Olivenöl**

**2 EL gehackte Petersilie, 1 EL Koriandergrün**

Außerdem:

**Koriandergrün und Petersilie zum Garnieren**

ZUBEREITUNG

1 Die Orangen schälen, dabei möglichst sorgfältig die weiße Innenhaut entfernen. Die Früchte jeweils in die einzelnen Segmente zerteilen.

2 Die Zwiebeln schälen und in feine Ringe schneiden. Die Fenchelknollen waschen, abtrocknen, den Wurzelansatz sowie die grünen Stengel abschneiden. Wenn nötig, die harten äußeren Rippen entfernen. Die Knollen längs in 2 mm dünne Scheiben schneiden. Jeweils den Strunk entfernen, aber nicht ganz, so daß die Scheiben gerade noch zusammenhängen.

3 Für die Salatsauce den Zitronensaft, den Orangensaft, das Paprikapulver, den Cayennepfeffer, Salz und Pfeffer in einer Schüssel verrühren, bis sich das Salz gelöst hat. Die Knoblauchzehen schälen, sehr fein hacken und unter die Sauce mischen. Das Öl einrühren, zuletzt die gehackten Kräuter untermischen.

4 Fenchelscheiben und Orangenstücke dekorativ auf Tellern anrichten. Die schwarzen Oliven darüber verteilen und den Salat mit der Sauce beträufeln. Mit Koriander- und Petersilienblättchen garnieren und servieren.

**LÄNDLICHER MARKT IN MAROKKO:** Neben verschiedenen Sorten Gemüse gibt es hier auch Zitrusfrüchte zu kaufen, die häufig, wie in diesem Rezept die Orangen, in pikanten Salaten Verwendung finden.

**FRISCHER FENCHEL** geht mit seinem feinen Anisaroma eine ausgezeichnete Verbindung ein mit den erfrischend saftig-süßen Orangen.

# Buntes Gemüse im Kartoffelkörbchen

Umrahmt von einer Rote-Bete-Sauce, der sowohl Rotwein als auch Portwein einen kräftigen Geschmack mitgeben.

ZUTATEN

Für die Rote-Bete-Sauce:

**200 g Rote-Bete-Knollen**

**20 g Schalotte, geschält, 20 g Butter**

**1/2 TL Rotweinessig**

**1/4 l Rotwein, 50 ml Portwein (Tawny)**

**Salz, frisch gemahlener Pfeffer**

**30 bis 40 g kalte Butter, in Stückchen**

Für das Gemüse:

**60 g grüne Bohnen, etwa Bobby-Bohnen**

**40 g Zuckerschoten, 60 g Babymöhren**

**4 runde Minizucchini (je etwa 20 g)**

**60 g gelbe Paprikaschote**

**250 bis 300 ml Gemüsebrühe**

**80 g Brokkoliröschen**

**40 g Butter, Salz, frisch gemahlener Pfeffer**

Für die Kartoffelkörbchen:

**200 g Kartoffeln, Pflanzenöl zum Fritieren**

**Salz, frisch gemahlener Pfeffer**

ZUBEREITUNG

1 Für die Sauce von den roten Beten Wurzeln und Blätter abschneiden, die Knollen schälen und klein würfeln. Die Schalotte fein würfeln.

2 In einer Sauteuse die Butter zerlassen und die Schalotten darin farblos anschwitzen. Rote-Bete-Würfel 2 bis 3 Minuten mitschwitzen. Essig einrühren und den Rot- sowie den Portwein angießen. Die Hitze reduzieren, alles 30 Minuten leise köcheln lassen, die Sauce durch ein feines Sieb passieren: Es sollten 150 ml Flüssigkeit sein. Salzen und pfeffern.

3 Bohnen und Zuckerschoten putzen, die Bohnen quer halbieren. Die Möhren so putzen und schälen, daß ein wenig vom Grün stehenbleibt. Zucchini von Blüten- und Stielansätzen befreien und vierteln. Paprikaschote von Stielansatz, Samen und Scheidewänden befreien und in dünne Streifen schneiden.

4 Gemüsebrühe aufkochen. Bohnen und Möhren darin 3 Minuten garen, das restliche Gemüse zufügen und noch 5 Minuten mitgaren. Herausheben und abtropfen lassen.

5 Kartoffeln schälen und in feine Streifen schneiden (es sollten 120 g sein). Ein Ausbacksieb gut ölen, mit 30 g Kartoffelstreifen auslegen, diese zwischen den beiden Siebteilen etwas festdrücken. Das Öl auf 170 °C erhitzen und die Kartoffelkörbchen darin nacheinander goldgelb ausbacken. Jeweils herausnehmen, vorsichtig aus dem Sieb lösen und entfetten. Leicht salzen, pfeffern und auf vorgewärmte Teller stellen.

6 In einer Pfanne die Butter für das Gemüse zerlassen und dieses darin schwenken, salzen, pfeffern und in die Kartoffelkörbchen füllen. Die Rote-Bete-Sauce erwärmen, die kalte Butter einmontieren und die Sauce abschmecken. Die Kartoffelkörbchen mit etwas Sauce anrichten.

**UM SOLCH FILIGRANE KARTOFFELKÖRBCHEN** zu backen, braucht man lediglich ein Ausbacksieb. Dieses besteht aus 2 Sieben, die man zusammenklappen kann, dazwischen kommen die Kartoffelstreifen, die so beim Fritieren ihre Form behalten.

# Bulgursalat

Unkompliziert, vitaminreich und lecker: eine frische Idee für heiße Sommertage.

Bulgur, Bulghur, Burgul, Burghul – in den verschiedensten Varianten findet sich der Name dieses Produkts, das in den Küchen des gesamten Orients und Nordafrikas beliebt ist. Wie auch immer man es nennt, verbirgt sich dahinter stets mehr oder weniger fein geschroteter Weizengrieß, der kalt für Salate, aber auch warm statt Reis für Pilawgerichte verwendet werden kann. Das Besondere daran: Die im Ganzen belassenen Weizenkörner sind vorgegart, wieder getrocknet und dann erst zerkleinert. Bulgur ist deshalb in der Zubereitung denkbar einfach – der Grieß muß nur noch einmal ein paar Minuten in heißem Wasser quellen und kann anschließend sofort verarbeitet werden.

ZUTATEN

**100 g grob geschroteter Bulgur**

**je 120 g gelbe und grüne Paprikaschote**

**200 g Tomaten**

**150 g Salatgurke**

**80 g weiße Zwiebeln**

**1 Radicchio**

**¼ Kopf Friséesalat**

**120 g helle Trauben**

Für das Salatdressing:

**Saft von ½ Zitrone**

**Salz**

**frisch gemahlener Pfeffer**

**4 bis 5 EL Olivenöl**

**1 EL gehackte Kräuter (etwa Petersilie und Minze)**

Außerdem:

**einige Blättchen Minze zum Garnieren**

ZUBEREITUNG

1 Den Bulgur mit 200 bis 250 ml kochendem Wasser übergießen, durchrühren und 10 Minuten quellen lassen, bis der Getreideschrot die gesamte Flüssigkeit aufgesogen hat.

2 Die Haut der Paprikaschoten mit einem Sparschäler dünn abschälen. Die Schoten vierteln, Stielansatz, Samen und Scheidewände entfernen. Das Fruchtfleisch in etwa ½ cm große Würfel schneiden. Die Tomaten blanchieren, abschrecken, häuten, vierteln, Stielansatz und Samen entfernen, das Fruchtfleisch würfeln. Die Gurke streifig schälen und in dünne Scheiben schneiden. Die Zwiebeln schälen und in Ringe schneiden. Den Radicchio und den Friséesalat putzen, waschen, trockenschleudern und in mundgerechte Stücke zerpflücken. Die Trauben waschen, halbieren und die Kerne entfernen.

3 Für das Dressing Zitronensaft, Salz und Pfeffer verrühren, bis sich das Salz gelöst hat. Das Olivenöl und die gehackten Kräuter untermischen.

4 Den Bulgur in einer entsprechend großen Schüssel mit den Paprika- und Tomatenwürfeln, den Zwiebelringen und der Hälfte des Dressings gut vermengen.

5 Die beiden Blattsalatsorten und die Gurkenscheiben auf Tellern anrichten und die Bulgur-Gemüse-Mischung sowie die halbierten Trauben darauf verteilen. Mit dem restlichen Dressing beträufeln und mit den Minzeblättchen garnieren.



**BULGUR** ist problemlos in Naturkost- oder türkischen Lebensmittelläden erhältlich, häufig sogar in unterschiedlichen Schrotgrößen.

**BULGUR UND GEMÜSE** gehören in Israel untrennbar zusammen. Früchte können bei einem solchen Salat zusätzlich für frische Süße sorgen; dieses Rezept sieht Trauben vor, aber auch Melone paßt sehr gut dazu.

# Salat mit Soba-Nudeln

In der Schale serviert und mit Stäbchen gegessen, so wie sich das in Japan gehört. Dazu ein Gläschen Sake oder Grüner Tee.

Die japanische Küche, bekannt für Natürlichkeit und ästhetische Präsentation, kennt in der Regel nur kurze Garzeiten. Ein Beispiel dafür ist die hier für die Sauce verwendete Dashi-Brühe, hergestellt aus Seetang und luftgetrockneten Bonitoflocken. Sie ist schon nach einer guten Viertelstunde fertig und ergibt doch einen klaren, angenehm nach Meer duftenden Sud. »Soba« heißt auf japanisch übrigens der Buchweizen – und aus diesem sind die schmalen Nudeln auch gemacht.

## Zutaten

Für die Dashi-Brühe:

**5 g Kombu (Seetang)**

**10 g Bonitoflocken**

Für die Sauce:

**2 EL dunkle Sojasauce**

**1 EL Mirin**

**2 EL Sake**

**2 EL Sesamöl**

**1 EL Reisessig**

**Salz, frisch gemahlener schwarzer Pfeffer**

Für den Salat:

**300 g Soba-Nudeln (japanische Buchweizennudeln)**

**Salz**

**80 g Sojasprossen**

**40 g Frühlingszwiebel**

**80 g Asabari-Shoga (in Reisessig eingelegter Ingwer)**

Außerdem:

**10 g gerösteter schwarzer Sesam zum Bestreuen**

## Zubereitung

1 Zunächst aus Algen und Bonitoflocken eine Dashi-Brühe herstellen. Dafür von dem Seetang mit einem feuchten Tuch das weiße Pulver abreiben. In einem Topf 200 ml Wasser mit dem Kombu zum Kochen bringen. Bei kleiner Hitze 10 bis 15 Minuten köcheln lassen. Wenn Blasen aufsteigen, mit dem Fingernagel prüfen, ob der Tang weich ist. Wenn nicht, noch 1 bis 2 Minuten ziehen lassen. Den Seetang entfernen. 20 ml kaltes Wasser zugießen, um die Flüssigkeit abzukühlen. Die Bonitoflocken zuschütten, nochmals aufkochen und die Brühe vom Herd nehmen. Sobald die Fischflocken abgesunken sind, die Brühe durch ein mit einem Tuch ausgelegtes Sieb passieren, abkühlen lassen.

2 100 ml Dashi abmessen und in einer Schüssel mit der Sojasauce, dem Mirin, Sake und Sesamöl, dem Essig und den Gewürzen verrühren.

3 Die Nudeln in sprudelndem Salzwasser unter mehrfachem Rühren 4 Minuten kochen, abseihen, kalt abschrecken und abtropfen lassen. Die Sojasprossen waschen, $^1/_2$ Minute in Salzwasser blanchieren und ebenfalls kalt abschrecken. Die Frühlingszwiebel putzen, in feine Ringe schneiden. Den Ingwer gut abtropfen lassen, in dünne Scheiben schneiden.

4 Die Soba-Nudeln mit den Sojasprossen, der Frühlingszwiebel sowie den Ingwerscheiben in einer Schüssel vermischen und in Schalen anrichten. Den Salat mit der Sauce beträufeln, mit dem Sesam bestreuen und servieren.

**NICHT ÜBERALL** ist die Auswahl an japanischen Lebensmitteln so groß wie hier – doch sind mittlerweile auch bei uns die Asienläden recht gut sortiert, so daß es keine Schwierigkeiten machen dürfte, die erforderlichen Produkte zu beschaffen.

# Gado Gado

Zum klassischen indonesischen Gemüsesalat gehört unbedingt eine würzige Erdnußsauce.

Statt der original verwendeten, bis zu 90 cm langen Spargelbohnen – daher der Name – kann man diesen Gemüsesalat ersatzweise auch mit anderen grünen Bohnensorten zubereiten.

ZUTATEN

**200 g Spargelbohnen**

**120 g Spinat**

**300 g Weißkohl**

**200 g Möhren**

**80 g Sojasprossen**

Für die Erdnußsauce:

**1 Knoblauchzehe**

**3 rote Chilischoten**

**125 g geröstete Erdnüsse**

**1/2 TL Kencur, gemahlen**

**1 Kaffir-Limettenblatt**

**2 EL Ketjap Manis**

**1/2 TL Salz**

**50 g Schalotten**

**1 EL Erdnußöl**

**1/2 TL Limettensaft**

Außerdem:

**12 Wachteleier**

**80 g Schalotten**

**5 EL Erdnußöl**

**250 g Tofu**

**glatte Petersilie zum Garnieren**

ZUBEREITUNG

1 Zunächst die Sauce herstellen. Knoblauch schälen und grob hacken. Chilischoten halbieren, Samen und Scheidewände entfernen und das Fruchtfleisch grob hacken. Erdnüsse, Chillies, Knoblauch und Kencur im Mixer pürieren. Die Masse in einem Topf mit Limettenblatt, Ketjap Manis, Salz und 3/8 l Wasser glattrühren. Zum Kochen bringen, die Hitze reduzieren und die Sauce etwa 1 Stunde leicht köcheln lassen, bis sie einzudicken beginnt.

2 Inzwischen die Bohnen putzen, schräg in 4 cm lange Stücke schneiden. Spinat putzen, gründlich waschen, sehr gut abtropfen lassen. Vom Weißkohl äußere Blätter entfernen, vierteln, Strunk herausschneiden und das Kraut in feine Streifen schneiden. Möhren schälen und in dünne Scheiben schneiden. Sojabohnensprossen verlesen.

3 Die Wachteleier in einem Topf mit heißem Wasser bedecken, 8 bis 10 Minuten kochen, herausnehmen und kalt abschrecken. Das Gemüse, mit Ausnahme des Spinats, nacheinander wie folgt in kochendem Salzwasser garen und gut abtropfen lassen: Die Bohnen 8 bis 10 Minuten, das Kraut 6 bis 8 Minuten, die Möhren 5 Minuten garen und die Sprossen 1/2 Minute blanchieren.

4 Die Schalotten schälen, in dünne Ringe schneiden. In einer Pfanne 2 EL Öl erhitzen, die Schalottenringe hellbraun braten, herausnehmen und auf Küchenpapier entfetten. Den Tofu in 1/2 cm dicke Scheiben, dann in 3 cm breite und 5 cm lange Streifen schneiden. Das restliche Öl erhitzen und den Tofu goldgelb braten.

5 Die Erdnußsauce fertigstellen. Dafür die Schalotten schälen und sehr fein hacken. In einer Pfanne das Öl erhitzen und die Schalotten darin hellbraun braten. Schalotten und Limettensaft unter die Sauce rühren, das Blatt entfernen, die Sauce abschmecken.

5 Das gegarte Gemüse, den Spinat, die gebratenen Tofustreifen, die Schalottenringe sowie die geschälten und halbierten Wachteleier auf Tellern anrichten, mit Petersilienblättchen bestreuen. Die Erdnußsauce separat dazu servieren.

**Goldbraun und knusprig gebraten werden** die Tofustreifen, die wichtiger zusätzlicher Eiweißlieferant sind. Wer möchte, legt sie vor dem Braten noch mindestens 15 Minuten in eine Marinade aus 2 EL Ketjap Asin, 1 EL Limettensaft, Salz und Pfeffer.

**Geröstete Erdnüsse** sind die Basis dieser cremigen Sauce. Nicht fehlen dürfen auch die entsprechenden Gewürze. Vor allem auf Kencur – zu deutsch Zitwerwurzel – mit ihrem stark ausgeprägten Kampfergeschmack sollte man nicht verzichten, das Pulver aber vorsichtig dosieren.

**»AL DENTE« – NOCH BISSFEST** soll das Gemüse sein. Weil es nur kurz gegart wird, steckt es zudem noch voller Vitamine. Traditionell reicht man in Indonesien dazu »Krupuk« – fritierte Krabbenchips.

# Suppen & Eintöpfe

Ob klare Brühe mit Einlage, cremige Gemüsesuppe oder bunter Eintopf: In diesem Kapitel erwartet Sie eine Vielzahl herrlicher Suppenkreationen, die den Magen wärmen und das Auge erfreuen. Mit einer Scheibe knusprigem Brot wird aus mancher Suppe eine Hauptmahlzeit.

# Kalte Sommersuppe

Aus Chana dal, wie die halbierten Kichererbsen in Indien genannt werden, Tomaten und Gurken.

Die verschiedenen Regionalküchen Indiens sind für ihren Einfallsreichtum bekannt, wenn es um vegetarische Gerichte geht. Diverse Hülsenfrüchte – auf indisch »dal« genannt –, allen voran Linsen und Kichererbsen, gewährleisten die Eiweißversorgung der Bevölkerung und sind deshalb fester Bestandteil auf dem Speisezettel. Beim Einkauf für dieses Rezept sollte man darauf achten, auch wirklich »Chana dal« aus dem Regal zu nehmen, denn mit ganzen getrockneten Kichererbsen funktioniert das Rezept nicht.

ZUTATEN

**350 g Chana dal (halbierte Kichererbsen)**

**10 g frische Kurkumawurzel**

**$\frac{1}{2}$ TL Kreuzkümmelsamen**

**1 grüne Chilischote**

**Saft von $\frac{1}{2}$ Limette**

**Salz, frisch gemahlener Pfeffer**

**50 g Frühlingszwiebeln**

**250 g Tomaten**

**200 g Salatgurke**

Außerdem:

**1 EL gehacktes Koriandergrün**

**100 g Joghurt (3,5% Fett)**

ZUBEREITUNG

1 Die Chana dal $1\frac{1}{2}$ Stunden in kaltem Wasser einweichen, abgießen, in einem Sieb unter fließendem kaltem Wasser gründlich waschen und gut abtropfen lassen. Die Kurkuma schälen und fein reiben.

2 In einem Topf 2 l Wasser zum Kochen bringen. Kichererbsen und Kurkuma darin bei reduzierter Hitze zugedeckt etwa 1 Stunde und 20 Minuten köcheln lassen. Dabei den Topf im Auge behalten, der Inhalt kocht leicht über.

3 Den Topf vom Herd nehmen, mit einem Schöpflöffel alle Flüssigkeit oberhalb der Hülsenfrüchte, die sich am Boden abgesetzt haben, abschöpfen und beiseite stellen. Den restlichen Topfinhalt im Mixer pürieren, in eine Schüssel umfüllen und so viel von der Brühe einrühren, daß eine sämige Suppe entsteht.

4 Den Kreuzkümmel in einer beschichteten Pfanne ohne Zugabe von Fett rösten, bis er zu duften beginnt. Herausnehmen und im Mörser zerstoßen. Die Chilischote halbieren, Stielansatz, Samen und Scheidewände entfernen und das Fruchtfleisch in dünne Streifen schneiden. Kreuzkümmel, Limettensaft und Chilistreifen in die Suppe rühren, salzen, pfeffern und abkühlen lassen.

5 Die Frühlingszwiebeln putzen und in dünne Ringe schneiden. Die Tomaten blanchieren, kalt abschrecken, häuten, vierteln, Stielansatz und Samen entfernen und das Fruchtfleisch $\frac{1}{2}$ cm groß würfeln. Die Gurke waschen, halbieren, mit einem Löffel die Samen entfernen und das Fruchtfleisch ebenfalls $\frac{1}{2}$ cm groß würfeln.

6 Kurz vor dem Servieren das Koriandergrün in die erkaltete Suppe rühren. Die Suppe in Teller verteilen, jeweils Tomaten- und Gurkenwürfel sowie Frühlingszwiebeln einstreuen und mit einem Löffel Joghurt garnieren.

**IN REIFEM ZUSTAND** sind die ursprünglich aus Südamerika stammenden Chilischoten rot, grüne Schoten wurden unreif geerntet. Vorsicht! Nach dem Verarbeiten von Chillies mit den Fingern nicht in Augennähe kommen, das brennt höllisch.

# Gemüsetopf aus Griechenland

Solch »gemischtes Gemüse« ist auf dem ganzen Balkan in ähnlicher Zusammenstellung populär.

ZUTATEN

**500 g schlanke Auberginen**

**300 g weiße Zwiebeln**

**300 g Spitzpaprika (grüne und gelbe)**

**300 g Zucchini**

**250 g frische Stangenbohnen**

**4 Knoblauchzehen**

**500 g Tomaten**

**6 EL Olivenöl**

**1/2 TL Zucker**

**100 ml Ouzo**

**2 Lorbeerblätter**

**2 TL gehackter griechischer Oregano (Rigani)**

**1 TL Thymianblättchen**

**1/4 TL gemahlener Zimt**

**1/4 TL gemahlene Nelken**

**Salz, Pfeffer**

Außerdem:

**1/2 Bund gehackte glatte Petersilie zum Bestreuen**

ZUBEREITUNG

1 Die Auberginen waschen, in Würfel mit 2 cm Kantenlänge schneiden und 30 Minuten in stark gesalzenes Wasser legen, damit sie ihren bitteren Geschmack verlieren. Herausnehmen, gut abtropfen lassen und mit Küchenpapier trockentupfen.

2 Die Zwiebeln schälen und in Scheiben schneiden. Von den Paprikaschoten den Stielansatz kreisförmig herausschneiden. Mit einem Kugelausstecher die Samen und Scheidewände herauskratzen und das Fruchtfleisch in Ringe schneiden. Die Zucchini von den Stielenden befreien und in Scheiben schneiden. Die Bohnen putzen und in Stücke schneiden. Den Knoblauch schälen und fein hacken. Die Tomaten blanchieren, häuten, von Stielansatz und Samen befreien, würfeln.

3 Das Öl erhitzen und die Zwiebeln glasig anschwitzen. Mit Zucker bestreuen und leicht karamelisieren lassen. Die Auberginen zugeben und braun anbraten. Das restliche Gemüse (ohne Tomaten) und den Knoblauch zufügen und unter ständigem Rühren 5 Minuten mitbraten. Die Tomaten einrühren, den Ouzo aufgießen und die Kräuter und Gewürze untermischen. Zugedeckt bei schwacher Hitze etwa 40 Minuten schmoren. Mit Petersilie bestreuen und servieren. In Griechenland wird Feta (Schafkäse) darübergestreut.

»Yuvech« heißt dieser Gemüseeintopf in Griechenland, nach dem irdenen Topf, in dem er gegart wird. Er ist ein rein vegetarisches Gericht im Gegensatz zu den vielen »ghiveci«, »giuvech« und so weiter aus den angrenzenden Balkanländern, die zwar einen großen Gemüseanteil haben, aber immer ein bißchen Fleisch dabei. Dieser griechische »yuvech« ist aber auch eine sehr feine Beilage für allerlei Fleischgerichte, und man kann ihn auch kalt mit einem Klecks saurer Sahne oder Joghurt als Vorspeise servieren. Wie bei den meisten Eintöpfen, gleichgültig ob mit oder ohne Fleisch, lohnt sich die Mühe nicht, mit einer Menge für 4 Portionen anzufangen. Es sollte schon für 6 bis 8 Leute sein, und selbst wenn dann noch etwas übrig ist, Eintöpfe werden meist durchs Aufwärmen noch besser. Dieses Rezept ist für 6 Portionen als Hauptgericht berechnet. Der Ouzo gibt dem Gemüse übrigens eine sehr pikante Note, und der Alkohol verdunstet durch die lange Garzeit praktisch vollständig.

**DIE GEMÜSEAUSWAHL** ist enorm auf griechischen Märkten. Alles, was das mediterrane Klima wachsen und gedeihen läßt, kann man hier frisch kaufen.

# Mais-Kürbis-Suppe

In den Zutaten typisch amerikanisch und scharf abgeschmeckt mit Chillies.

ZUTATEN

**100 g Zwiebeln**

**120 g Möhren**

**1,5 g Speisekürbis**

**2 Maiskolben (je etwa 200 g)**

**1 rote Peperoni**

**4 EL Maiskeimöl**

**etwa 1,5 l Gemüsefond**

**Salz, frisch gemahlener weißer Pfeffer**

Außerdem:

**1 EL gehackte Pfefferminze**

ZUBEREITUNG

1 Die Zwiebeln schälen und fein hacken. Die Möhren schälen und in etwa $^1/_2$ cm große Würfel schneiden. Den Kürbis schälen, das Kerngehäuse vollständig entfernen und das Fruchtfleisch ebenfalls in $^1/_2$ cm große Würfel schneiden. Von den Maiskolben die Hüllblätter und die Fäden entfernen, mit einem scharfen Messer die Körner dicht am Strunk abschneiden. Die Peperoni halbieren, Stielansatz, Samen sowie Scheidewände entfernen und das Fruchtfleisch ganz fein hacken. Wer die Suppe etwas schärfer will, verwendet die Samen mit.

2 Das Öl in einem Topf erhitzen und die Zwiebeln darin glasig anschwitzen. Die Möhren- und Kürbiswürfel zugeben und kurz mitschwitzen. Die Maiskörner und die Peperoni zufügen, den Fond angießen, salzen und pfeffern. Zum Kochen bringen, die Hitze reduzieren und den Topfinhalt zugedeckt etwa 25 Minuten köcheln lassen. Die Suppe mit einem Mixstab pürieren und durch ein feines Sieb passieren. Sollte sie zu dick sein, noch etwas Gemüsefond angießen. Abschmecken, mit Minze bestreuen und servieren.

3 Wenn gewünscht, kann die Suppe auch in dem ausgehöhlten Kürbis serviert werden. Dafür das obere Drittel der Frucht mit einem spitzen Messer und mit Hilfe eines Ringes im Zickzack abtrennen, wie unten gezeigt. Den Deckel abheben und das faserige Innere mit den Kernen entfernen, eventuell noch etwas Kürbisfleisch ringsum mit einem Teelöffel abschaben. Die heiße Suppe einfüllen und sofort servieren.

**Hit Hilfe eines Ringes** ist es ganz einfach, die richtige Höhe beim Abschneiden des Deckels einzuhalten. Mit einem spitzen Messer in Zick-zack-Schnitten den Kürbis jeweils bis zur Mitte durchstechen, dann den Deckel abheben.

Kürbis in allen Arten und Variationen ist aus den amerikanischen Küchen nicht mehr wegzudenken. Schon die Indianer kannten verschiedene Sorten des anspruchslosen Gemüses; beispielsweise den Riesenkürbis (pumpkin) oder den Melonenkürbis (squash). Das Gemüse mit dem wenig aufdringlichen Eigengeschmack eignet sich für vieles, so zum Beispiel als Grundlage von Kuchen, Chutneys, Pürees oder für Aufläufe. Sehr beliebt sind auch gut gewürzte Suppen. Deren Zubereitung lernten die ersten Siedler seinerzeit von den Indianern, die Meister im Kochen von schmackhaften Kürbiseintöpfen waren. Als Geschirr dienten ihnen die ausgehöhlten Kürbisse, die sie dann zum Garen ganz einfach in die heiße Glut legten. Die im folgenden vorgestellte Suppe, in die neben Kürbis und Mais auch noch Möhren und Zwiebeln gehören, kann man zwar – nach Belieben – im ausgehöhlten Kürbis servieren, kochen aber wird man sie der Einfachheit halber wohl doch lieber auf dem Herd.

**BESONDERS ATTRAKTIV** serviert man die pürierte Mais-Kürbis-Suppe in der »Originalverpackung«, dem ausgehöhlten Kürbis.

# Zweierlei Gemüsesuppen

Ein Gaumen- und Augenschmaus gleichermaßen: Bunter kann es in der Suppenküche nicht zugehen.

ZUTATEN

Für die Möhrensuppe:

**500 g Möhren**

**40 g weiße Zwiebel**

**5 g frische Ingwerwurzel**

**1/2 frische rote Chilischote**

**50 g Butter**

**1 l Gemüsefond**

**20 g Crème fraîche**

**Saft von 2 Orangen (etwa 100 ml)**

**Salz, frisch gemahlener weißer Pfeffer**

Für die Zucchinisuppe:

**10 g getrocknete Steinpilze**

**300 g Zucchini**

**40 g Schalotten**

**250 g mehligkochende Kartoffeln**

**50 g Butter**

**850 ml Gemüsefond**

**Salz, frisch gemahlener Pfeffer**

**50 ml Sahne nach Belieben**

Außerdem:

**Kapuzinerkresseblüten zum Garnieren**

ZUBEREITUNG

1 Für die gelbe Suppe die Möhren, die Zwiebel und den Ingwer schälen und klein würfeln. Von der Chilischote Samen und Scheidewände entfernen und das Fruchtfleisch fein hacken.

2 Die Butter in einem Topf zerlassen, Zwiebel und Ingwer darin farblos anschwitzen. Die Möhren- und Chiliwürfel 3 bis 4 Minuten mitschwitzen. Gemüsebrühe zugießen, einmal aufkochen, die Hitze reduzieren und 20 Minuten köcheln lassen. In einem Mixer fein pürieren und zurück in den Topf gießen. Die Crème fraîche und den Orangensaft unterziehen, salzen und pfeffern. Vor dem Servieren nochmals kurz erwärmen.

3 Für die grüne Suppe die Steinpilze in einer kleinen Schüssel in lauwarmem Wasser 30 Minuten einweichen. Die Pilze herausnehmen, gut ausdrücken und klein hacken. Das Einweichwasser durch ein feines Sieb passieren.

4 Von den Zucchini Blüten- und Stielansätze entfernen, die Früchte mit einem Kartoffelschäler schälen, die Schale klein schneiden und beiseite legen. Das Fruchtfleisch der Zucchini würfeln. Die Schalotten schälen und hacken. Die Kartoffeln schälen und in Würfel schneiden.

5 Die Butter in einem Topf zerlassen, die Schalotten und die Steinpilze darin farblos anschwitzen. Zucchini- und Kartoffelwürfel zugeben und 3 bis 4 Minuten mitschwitzen. Die Gemüsebrühe und das passierte Einweichwasser der Pilze zugeben. Aufkochen, die Hitze reduzieren und 15 Minuten köcheln lassen. In den letzten 3 bis 4 Minuten die kleingeschnittenen Zucchinischalen mitkochen. Alles im Mixer fein pürieren, bei Bedarf etwas Fond nachgießen. Die Suppe zurück in den Topf gießen, mit Salz und Pfeffer würzen und nach Belieben mit Sahne verfeinern. Beide Suppen dekorativ in Tellern anrichten und mit Kapuzinerkresseblüten garnieren.



**IM KLASSISCHEN LAND DES GEMÜSEBAUS** spielt das »Grünzeug« natürlich auch in der Küche eine bedeutende Rolle. Gerade als Suppe überzeugen Möhren, Zucchini und Co. immer wieder aufs Neue. Dabei kommt es vor allem auf die passende Würzung an. Das Besondere an diesem aus 2 verschiedenen Suppen bestehenden Gericht ist der Kontrast von der leichten, fruchtig-scharfen Möhrensuppe zur sämigen Zucchinicreme.

# Artischocken-Cremesuppe

Die Böden des distelartigen Gemüses einmal überraschend anders – als sahnige Suppe.

ZUTATEN

**12 Artischocken mit Stiel (je etwa 200 g)**

**Saft von 1 Zitrone**

**$\frac{1}{2}$ unbehandelte Zitrone, in Scheiben geschnitten**

**1 TL Salz**

**60 g Schalotten**

**1 Knoblauchzehe**

**250 g mehligkochende Kartoffeln**

**50 g Butter**

**Salz**

**weißer Pfeffer**

**80 g Crème fraiche**

Außerdem:

**50 g Sahne, halbsteif geschlagen**

**1 EL gehackte Petersilie**

ZUBEREITUNG

1 Von den Artischocken die stacheligen Hüllblätter am Stiel mit einer Küchenschere abschneiden und wegwerfen. Den Stiel direkt unter dem Blütenansatz mit einem Ruck abbrechen. Die kleinen, harten Blätter rund um den Stielansatz mit den Händen abzupfen. Mit einer Küchenschere die stacheligen Spitzen der Blätter entfernen und mit einem scharfen Messer die Spitze jeder Artischocke gerade abschneiden. Das Gemüse sofort in mit dem Saft von $\frac{1}{2}$ Zitrone gesäuertes Wasser legen, damit es sich nicht verfärbt.

2 In einem großen Topf etwa 3 l Wasser mit 2 EL Zitronensaft, den Zitronenscheiben und Salz zum Kochen bringen. Die Artischocken einlegen, die Hitze reduzieren und das Gemüse 20 bis 25 Minuten köcheln lassen. Herausnehmen, in kaltem Wasser abschrecken. Die Blätter ablösen und anderweitig verwenden. Das »Heu« aus jeder Artischocke mit einem Teelöffel entfernen. Die Artischockenböden klein würfeln.

3 Die Schalotten sowie den Knoblauch schälen und fein hacken. Die Kartoffeln schälen und klein schneiden. Die Butter in einem Topf erhitzen, Schalotten und Knoblauch darin farblos anschwitzen. Die Kartoffeln zufügen, mit 1 l der Kochflüssigkeit der Artischocken aufgießen und bei reduzierter Hitze 10 Minuten köcheln lassen. Die Artischockenwürfel einlegen, salzen, pfeffern und weitere 10 bis 15 Minuten köcheln lassen.

4 Die Suppe vom Herd nehmen und mit dem Mixstab fein pürieren. Die Crème fraîche einrühren, kurz aufmixen und abschmecken. Die Suppe auf Teller verteilen, mit je einem Klecks Sahne garnieren und mit Petersilie bestreuen.

**IST EINE ARTISCHOCKE** einmal geputzt und gekocht, bleibt nicht mehr viel zum Verzehr übrig – nur das Fleisch der Hüllblätter und der Boden. Doch sind beide wegen ihres feinherben, leicht bitteren Aromas bei Feinschmeckern beliebt.

# Gemüsebouillon mit Hirseklößchen

Eine klare Suppe mit lockeren Nocken als Einlage – ein appetitanregender Auftakt für ein Menü.

## ZUTATEN

Für die Bouillon:

**60 g Frühlingszwiebeln**

**100 g Möhren**

**800 ml Gemüsefond**

**Salz, frisch gemahlener weißer Pfeffer**

Für die Hirseklößchen:

**80 g Hirsemehl**

**1 Messerspitze Currypulver**

**Salz, frisch gemahlener Pfeffer**

**40 g Butter, in Flöckchen**

**50 ml Gemüsefond**

**2 Eier, 30 g Mehl**

Außerdem:

**250 g Tomaten**

**1 Handvoll Brunnenkresse**

## ZUBEREITUNG

Das Gelingen der Hirseklößchen, wie das aller verwandten Suppeneinlagen, hängt weitgehend von der exakten Zubereitung der Masse sowie vom sorgfältigen Formen und Garen ab. Es empfiehlt sich, 1 bis 2 Probeklößchen zu formen und sie einige Minuten leise köcheln zu lassen, um sicher zu gehen, daß sie ihre Form wahren. Halten sie nicht zusammen, sollte man noch etwas Mehl und ein Ei unter die Masse mischen.

1 Für die Bouillon die Frühlingszwiebeln waschen, putzen und in feine Scheibchen schneiden. Die Möhren schälen und in kleine Würfel von $^1/_2$ cm Kantenlänge schneiden.

2 Für die Klößchen das Hirsemehl mit dem Currypulver, Salz und Pfeffer in einer beschichteten Pfanne ohne Zugabe von Fett kurz anrösten. Die Butterflöckchen zufügen und mit dem Mehl verrühren. Etwa 4 EL des Gemüsefonds nach und nach zufügen und dabei so lange rühren, bis sich das Mehl zu einem Kloß formt. Die Pfanne vom Herd nehmen und den Teig abkühlen lassen. Die Eier nacheinander unter den Teig mengen. Mehl und restlichen Gemüsefond unterkneten.

3 Den Gemüsefond für die Bouillon mit 200 ml Wasser in einem entsprechend großen Topf erhitzen, salzen und pfeffern. Die vorbereiteten Frühlingszwiebeln und Möhren zufügen und die Gemüsebouillon zum Kochen bringen.

4 Aus der Hirsemasse mit zwei angefeuchteten Teelöffeln etwa 30 Klößchen von je etwa 10 g formen, in die Bouillon gleiten lassen, die Hitze reduzieren und 10 bis 15 Minuten köcheln lassen.

5 Die Tomaten blanchieren, häuten, vierteln, Stielansätze und Samen entfernen und das Fruchtfleisch in etwa $^1/_2$ cm große Würfel schneiden. Die Brunnenkresse waschen, mundgerecht zerpflücken und zusammen mit den Tomaten während der letzten 2 Minuten der Garzeit in der Bouillon mitköcheln. Mit Salz und Pfeffer abschmecken, auf Teller verteilen und servieren.



**HIRSE** gehört zu den ältesten Kulturpflanzen. Das Korn, das in vielen Ländern der Welt als Grundnahrungsmittel dient, wurde zwar in Europa weitgehend durch Weizen und Reis verdrängt, erlebt aber aufgrund seines Mineralstoffreichtums als Vollwertnahrungsmittel eine Renaissance. Hirse kommt als Goldhirse (ganze Körner), Hirsegries, -flocken und -mehl in den Handel.

# Sopa de almendras

Diese Mandelsuppe mit Knoblauch und Safran ist eine Spezialität aus Granada.

## ZUTATEN

**200 g Mandeln**

**4 EL Olivenöl**

**4 Knoblauchzehen**

**80 g Weißbrot vom Vortag**

**200 g rote Paprikaschoten**

**grobes Salz, frisch gemahlener schwarzer Pfeffer**

**$^{1}/_{2}$ TL Safranfäden, 1 EL gehackte Petersilie**

Außerdem:

**20 g geröstete Mandelblättchen**

**etwas gehackte Pfefferminze, Minzestengel**

## ZUBEREITUNG

1 Die Mandeln in einer Schüssel mit kochendem Wasser überbrühen, kurz stehen lassen, das Wasser abgießen. Mit eiskaltem Wasser abschrecken, aus der Schale drücken und trockentupfen.

2 Die Hälfte des Olivenöls in einer Pfanne erhitzen und die Mandeln darin bei nicht zu starker Hitze unter Rühren hellbraun rösten. Herausnehmen, auf Küchenpapier abtropfen lassen.

3 Die Knoblauchzehen schälen und hacken. Das Brot in kleine Würfel schneiden. Die Paprikaschoten waschen, halbieren, die Stielansätze, Samen sowie die Scheidewände entfernen und das Fruchtfleisch in 1 cm große Stücke schneiden.

4 Das restliche Olivenöl in der Pfanne erhitzen, die Brotwürfel darin unter ständigem Rühren goldbraun rösten. Den gehackten Knoblauch und die Paprikastücke 2 Minuten mitbraten. Mit Salz und Pfeffer würzen, die Safranfäden einstreuen und die Brot-Paprika-Mischung vom Herd stellen.

5 Die gerösteten Mandeln und die Brot-Paprika-Mischung im Mixer zusammen mit 150 ml Wasser zu einer feinen Paste verarbeiten.

6 In einem entsprechend großen Topf 850 ml Wasser zum Kochen bringen. Die Paste nach und nach unterrühren, bis sie sich im Wasser vollständig verteilt hat, und die Suppe bei schwacher Hitze 10 Minuten köcheln lassen. Die Petersilie in die Suppe einrühren. Abschmecken.

7 Die Suppe auf Teller verteilen. Mit den gerösteten Mandelblättchen, der gehackten Pfefferminze sowie jeweils einem Stengel Minze garnieren.

Die Mehrzahl der vor allem in Südspanien beliebten Mandelsuppen, meist als weiße »Gazpacho« bezeichnet, löffelt man eiskalt – als angenehm erfrischende Mahlzeit in der brütenden Hitze, die im Sommer über dem Land liegt. Besonders bekannt geworden ist die aus Malaga stammende Version mit Knoblauch und weißen Trauben. Ganz anders hingegen die in diesem Rezept beschriebene Suppe: Sie wird heiß gegessen und ist daher also auch etwas für kältere Tage.

**MANDELN,** hier frisch geerntet, wurden einst von den Mauren nach Spanien gebracht, wo sie heute eine wichtige Rolle in der Küche spielen. Unentbehrlich sind sie etwa für Kekse, aber auch Saucen und Suppen werden damit zubereitet.

# Menestra de verduras

Gemüseeintöpfe oder Suppen werden auf der ganzen Welt gekocht, und dabei dominieren jeweils die Produkte des Landes.

Trotzdem sind sie sich oft sehr ähnlich in ihrer Zusammensetzung, einfach weil sich die Auswahl an Gemüsearten von Land zu Land gar nicht so sehr unterscheidet. Deshalb ist es auch nicht verwunderlich, daß ein chilenischer Gemüseeintopf einer italienischen Minestrone in puncto Gemüsearten sehr ähnlich sieht und auch bei uns nachgekocht werden kann – abgesehen von der Arracacha (Arracacia xanthorrhiza), einer wohlschmeckenden Wurzel aus den Anden, die aber durch Knollensellerie ersetzt werden kann. Außerdem wird man die Gemüsemischung ohnehin so zusammenstellen, wie es das Marktangebot des Tages oder die Ernte des eigenen Gartens erlaubt.

ZUTATEN

**100 g weiße Bohnen**

**50 g Lauch**

**100 g Möhren**

**100 g Arracacha-Rübe oder Knollensellerie**

**200 g Kartoffeln**

**200 g Zucchini**

**200 g Blumenkohl**

**100 g Zuckerschoten**

**1 Bund Petersilie**

**4 EL Pflanzenöl**

**2 l Gemüsebrühe**

Für die Tomaten-Reis-Mischung:

**80 g Zwiebeln**

**2 Knoblauchzehen**

**2 EL Pflanzenöl**

**1/8 l Weißwein**

**100 g Tomatenwürfel**

**150 g gekochter Reis**

Außerdem:

**1 bis 2 TL Salz, Pfeffer**

ZUBEREITUNG

1 Die Bohnenkerne mit reichlich kaltem Wasser bedecken und über Nacht einweichen.

2 Alle anderen Gemüsearten waschen, putzen und in möglichst gleich große Stücke schneiden, das können je nach Gemüseart Scheiben, Streifen oder Würfel sein. Nur der Blumenkohl wird in einzelne Röschen geteilt, die Zuckerschoten ein- oder zweimal durchgeschnitten. Die Petersilie waschen.

3 Das Öl in einem Topf erhitzen und zunächst Lauch, Möhren, Arracacha-Rübe oder Knollensellerie etwas anschwitzen. Die Kartoffeln, Zucchini, Blumenkohl und Erbsen zugeben. Das Petersilienbündel darauflegen und nach 2 bis 3 Minuten die Gemüsebrühe aufgießen. Bei halb geschlossenem Topf etwa 20 Minuten köcheln lassen.

4 Inzwischen die Zwiebeln und die Knoblauchzehen schälen und fein hacken. Das Öl in einer Pfanne erhitzen, Zwiebeln und Knoblauch darin hell anschwitzen. Mit dem Wein ablöschen und auf die Hälfte reduzieren. Die Tomatenwürfel und den gekochten Reis unterheben.

5 Die Tomaten-Reis-Mischung zum Gemüse geben. Salzen und pfeffern. Den gesamten Eintopf weitere 10 bis 20 Minuten – je nachdem, wie weich das Gemüse sein soll – weiterköcheln lassen. Mit frischem Weißbrot servieren.

# Kalte Gemüsesuppe

Aus pürierten Tomaten, Paprika und Gurken – gut gekühlt – herrlich erfrischend.

ZUTATEN

**50 g Weißbrot ohne Rinde**

**80 g weiße Zwiebeln, 2 Knoblauchzehen**

**2 EL Olivenöl, Salz, frisch gemahlener Pfeffer**

**300 g rote Paprikaschoten**

**600 g Tomaten**

**250 g Salatgurke**

**1 bis 2 EL Sherryessig (6 % Säure)**

**1/2 l kalte Gemüsebrühe**

Zum Garnieren:

**3 EL Olivenöl**

**80 g Weißbrot ohne Rinde, 1/2 cm groß gewürfelt**

**1 Knoblauchzehe, geschält und gewürfelt**

**Salz, 12 grüne Oliven ohne Stein**

**50 g weiße Zwiebel**

**1 EL gehacktes Borretschgrün, einige Borretschblüten**

ZUBEREITUNG

1 Das Brot kurz in Wasser einweichen und sorgfältig ausdrücken. Die Zwiebeln und den Knoblauch schälen, fein hacken und zusammen mit dem Brot in einen Mixer geben. Das Öl zugießen, salzen, pfeffern und alles sehr fein pürieren.

2 Die Paprikaschoten waschen, Stielansätze, Samen sowie Scheidewände entfernen und das Fruchtfleisch in feine Würfel schneiden. Die Tomaten blanchieren, kalt abschrecken, häuten und vierteln. Die Samen entfernen und mit einem Löffel durch ein Sieb passieren, dabei den Tomatensaft auffangen. Das Fruchtfleisch in Stücke schneiden. Die Gurke waschen, schälen, längs halbieren, mit einem Teelöffel die Samen entfernen und das Fruchtfleisch ebenfalls klein würfeln.

3 Das vorbereitete Gemüse zu der Brotmischung in den Mixer füllen und mit dem Tomatensaft sowie dem Essig fein pürieren; wenn nötig, in mehreren Portionen nacheinander.

4 Das Püree in eine Schüssel umfüllen, mit Salz abschmecken und ein paar Stunden, am besten über Nacht, im Kühlschrank durchkühlen lassen. Vor dem Servieren mit der Brühe verrühren.

5 Für die Garnitur das Öl in einer Pfanne erhitzen, die Brot- und Knoblauchwürfel darin goldgelb rösten, herausnehmen, auf Küchenpapier abtropfen lassen, leicht salzen. Die Oliven halbieren. Die Zwiebel schälen und fein hacken. Die Suppe in Tellern anrichten und garnieren.

Von der in Südspanien beliebten kalten Suppe, »Gazpacho« genannt, existiert eine Vielzahl an Rezepten. Mal wird sie mit Zitronensaft, mal mit Essig zubereitet. Mal ist sie dünner, mal dickflüssiger. Gemeinsam ist allen Versionen, daß die Zutaten grundsätzlich nicht gekocht werden.

**OLIVENERNTE IST HANDARBEIT:** Mit einem kleinen Rechen werden die Oliven vorsichtig Ast für Ast vom Baum gekämmt und fallen dann auf ein am Boden großflächig ausgebreitetes Netz.

**GARNIEREN** kann man die kalte Gemüsesuppe mit frisch gerösteten Weißbrotwürfeln, Zwiebeln, Oliven und zudem – besonders attraktiv – mit Borretschblüten.

# Rucolacremesuppe

Mit einer knusprigen Garnitur der besonderen Art – in Olivenöl fritierten Rucolablättern.

ZUTATEN

**200 g Rucola**

**300 ml natives Olivenöl extra**

**70 g Schalotten**

**1 Knoblauchzehe**

**30 g Butter**

**20 g Mehl**

**1/8 l Weißwein**

**1/2 l Gemüsefond**

**1/4 l Sahne**

**Salz**

**Cayennepfeffer**

ZUBEREITUNG

1 Vom Rucola die harten Stielenden abknipsen, die Blätter waschen und trockenschleudern. Das Öl in einem Topf erhitzen und den Rucola darin portionsweise kroß fritieren. Herausnehmen und auf Küchenpapier abtropfen lassen. Einige Blätter für die Garnitur zur Seite legen und die restlichen Blätter in kleine Stücke schneiden.

2 Die Schalotten sowie den Knoblauch schälen und ganz fein hacken. Die Butter in einem Topf erhitzen und die Schalotten- sowie die Knoblauchwürfel darin glasig schwitzen. Mit Mehl bestauben und dieses unter Rühren mitschwitzen, ohne es Farbe annehmen zu lassen. Mit dem Wein ablöschen und glattrühren.

3 Den Gemüsefond unter ständigem Rühren zugießen, alles glattrühren und 10 Minuten köcheln lassen. Die Sahne angießen und kurz mitkochen lassen. Mit Salz und Cayennepfeffer würzen. Die fritierten, kleingeschnittenen Rucolablätter untermischen.

4 Die Suppe im Mixer fein pürieren und durch ein Sieb wieder in den Topf passieren. Nochmals aufkochen, abschmecken und mit dem Mixstab aufschäumen. Die Suppe auf vorgewärmte Teller verteilen und mit den fritierten Rucolablättern garniert servieren.

Die Rauke, wie Rucola zu deutsch heißt, wächst auch in unseren Breiten wild und wurde bereits im Mittelalter zum Würzen ebenso wie zu medizinischen Zwecken geschätzt. Doch erst mit einem Umweg über die hierzulande so überaus beliebte italienische Küche kam sie auch bei uns wieder zu kulinarischen Ehren. Allerdings werden die gezahnten Blätter mit dem angenehm scharfen, leicht bitteren Geschmack überwiegend roh verwendet, etwa als Salat oder als Zutat für Pesto. Weniger bekannt ist, daß sie auch gegart – etwa gedünstet – hervorragend schmecken. Für die Suppe auf dieser Seite werden sie gar fritiert, wodurch sie einen besonders delikaten, nußartigen Geschmack bekommen.



**FRITIERTE RUCOLABLÄTTER –** beim Zubereiten dieser ungewöhnlichen Suppeneinlage sollte man darauf achten, die Blätter vor dem Eintauchen ins heiße Öl sehr sorgfältig abzutrocknen oder trockenzuschleudern. Die Spritzgefahr ist sonst enorm!

# Pisto manchego

Der Gemüseeintopf aus Zentralspanien, dem Land des Don Quijote, das »La Mancha« genannt wird.

## ZUTATEN

Für die Gemüsemischung:

**250 g Zwiebeln**

**4 Knoblauchzehen**

**400 g Paprikaschoten**

**250 g Zucchini**

**200 g Auberginen**

**300 g Freilandgurken**

**500 g Tomaten**

**$^1/_8$ l Olivenöl**

**1 TL Salz, frisch gemahlener Pfeffer**

Außerdem:

**4 hartgekochte Eier**

**1 EL feingehackte Petersilie**

**grobgemahlener schwarzer Pfeffer**

## ZUBEREITUNG

1 Die Zwiebeln und den Knoblauch schälen und würfeln. Die Paprikaschoten halbieren, von Samen und Scheidewänden befreien und in 1 cm große Würfel schneiden. Die Zucchini in 3 mm dicke Scheiben, die Auberginen in 1,5 cm große Würfel schneiden. Die Gurken schälen, halbieren, von den Samen befreien und in 1,5 cm dicke Stücke schneiden. Die Tomaten blanchieren, häuten, von Stielansatz und Samen befreien und in grobe Stücke schneiden.

2 Das Olivenöl in einer Pfanne erhitzen und die Zwiebel- und Knoblauchwürfel darin goldgelb anschwitzen. Die Paprikawürfel 3 Minuten mitschwitzen. Die Zucchinischeiben und Gurkenstücke mit den Auberginenwürfeln unterrühren und alles weitere 4 Minuten schmoren lassen.

3 Die Tomatenstücke untermischen, salzen und pfeffern und 3 Minuten mitschmoren.

4 Die hartgekochten Eier vierteln. Mit der Petersilie über das Gericht verteilen, den Pfeffer darüberstreuen und servieren.

Von der »Mancha« hat er auch seinen Namen, und »pisto« bedeutet soviel wie »Gemischtes, in der Pfanne gebacken«. Ihm geht es wie den meisten regionalen Eintöpfen mit viel Gemüse: Es gibt unzählige Rezepte, aber kein Original. Gekocht wird nach dem täglichen Angebot, und das wechselt natürlich je nach Jahreszeit. Standardzutaten sind Tomaten und Paprikaschoten, der Rest kann ausgetauscht oder einfach weggelassen werden. Für einen Eintopf für 4 bis 6 Portionen sollte das Gemüsegewicht mindestens 1200 g betragen. Ist es mehr, oder ist der Eintopf nur als Vorspeise gedacht, dann läßt er sich ohne weiteres am zweiten oder dritten Tag aufwärmen. Eine Besonderheit ist noch die Vorliebe der Spanier für Eier, die zu vielen Gerichten gereicht werden. Zum Pisto sind es meist hartgekochte Eier oder »huevos fritos«, die dazu besonders gut schmecken. Dafür wird jeweils ein Ei in eine Schaumkelle geschlagen und in siedendem Öl kurz fritiert, so daß es außen knusprig und innen fließend weich ist.

**IM SOMMER UND HERBST** ist das Angebot überreichlich auf den Märkten Spaniens, und da kann einem die Wahl schwerfallen. Im Zweifel wird das Preis-Leistungs-Verhältnis entscheiden. In Sachen Qualität von frischem Gemüse lassen sich die spanischen Hausfrauen nichts vormachen.

# Brunnenkresse-Cremesuppe

Das herb-pikante, rettichähnliche Aroma der Kräuter wird durch einen kräftigen Schuß Sahne perfekt abgerundet.

ZUTATEN

**300 g Brunnenkresse**

**100 g Zwiebeln**

**300 g mehligkochende Kartoffeln**

**3 EL Rapsöl**

**800 ml Geflügelfond**

**Salz, frisch gemahlener Pfeffer**

**frisch geriebene Muskatnuß**

**50 ml Sahne**

**2 Eigelbe**

Außerdem:

**100 ml Sahne**

**einige Blättchen Brunnenkresse**

ZUBEREITUNG

1 Die Brunnenkresse waschen, gut abtropfen lassen, die groben Stiele entfernen und die Blättchen grob hacken.

2 Die Zwiebeln schälen und sehr fein hacken. Die Kartoffeln waschen, schälen und in 1/2 cm große Würfel schneiden.

3 Das Rapsöl in einem entsprechend großen Topf erhitzen und die Zwiebelwürfel darin farblos anschwitzen. Die Kartoffelwürfel zugeben und unter gelegentlichem Wenden kurz mitschwitzen. Den Geflügelfond zugießen, einmal aufkochen, die Hitze reduzieren und den Topfinhalt 15 Minuten köcheln lassen.

4 Die Brunnenkresse einrühren und alles weitere 15 Minuten köcheln lassen. Mit Salz, Pfeffer und Muskatnuß würzen.

5 Die Suppe mit dem Pürierstab fein pürieren. Die Sahne mit den Eigelben verquirlen und in die Suppe rühren. Die Suppe erneut erhitzen; sie darf nicht mehr kochen, da sonst das Eigelb gerinnt. Mit Salz und Pfeffer abschmecken.

6 Die Sahne für die Garnitur halbsteif schlagen. Die Suppe in vorgewärmte Teller schöpfen und mit je einem Klecks Sahne sowie mit einigen Brunnenkresseblättchen garnieren.

Rapsöl, das hier zum Anschwitzen vorgeschlagen wird, hat immer noch unter dem Image des »Öls für Notzeiten« zu leiden. Bis vor etwa 20 Jahren war das auch gerechtfertigt, enthielt Rapsöl bis dato einen hohen Anteil an Erucasäure, die für die menschliche Ernährung nicht gut geeignet ist. In den 70er Jahren sind jedoch neue Rapssorten gezüchtet worden, die Erucasäure nur noch in Spuren enthalten, so daß das Öl heute als Allroundöl eingesetzt werden kann. Es ist, wie andere Speiseöle auch, nativ oder raffiniert im Handel. Natives Rapsöl erkennt man am Vermerk »kaltgepreßt« oder »1. Pressung«; durch spezielle Preßverfahren bleiben hier die arteigenen Geruch-, Geschmack- und Farbstoffe erhalten. Wer das Aroma des nativen Öls zu kräftig findet, kann jedoch ohne weiteres auf raffiniertes ausweichen.

**BRUNNENKRESSE, RAPSÖL UND KARTOFFELN** sind die wichtigsten Zutaten für eine feine Brunnenkresse-Cremesuppe, die nicht nur lecker, sondern darüber hinaus auch noch gesund ist.

# Pasta, Reis & Eierspeisen

Weil sie so anpassungsfähig sind, lassen sich aus ihnen die herrlichsten Gerichte zaubern: Pasta, Reis und Eier harmonieren mit zahlreichen anderen Zutaten. Das Ergebnis sind deftig-sättigende, bis leicht-raffinierte Kreationen, die auch dem verwöhntesten Gaumen munden.

# Rigatoni mit Brokkoli

Pasta mit Brokkoli und Tomaten liebt man im Süden Italiens.

ZUTATEN

**300 g Rigatoni**

Für die Sauce:

**80 g Zwiebeln**

**2 Knoblauchzehen**

**3 gesalzene Sardellen**

**400 g reife Tomaten**

**2 EL Olivenöl**

**Salz, frisch gemahlener Pfeffer**

**1 EL gehackte Basilikumblätter**

**500 g Brokkoliröschen**

Außerdem:

**30 g Pinienkerne**

**40 g frisch geriebener Pecorino**

ZUBEREITUNG

1 Für die Sauce die Zwiebeln und den Knoblauch schälen und fein hacken. Die Sardellen in Stücke schneiden. Die Tomaten blanchieren, häuten, halbieren, Samen und Stielansatz entfernen, und das Fruchtfleisch in Würfel schneiden.

2 In einem Topf das Öl erhitzen und die Zwiebel- und Knoblauchwürfel darin hell anschwitzen. Die Sardellenstücke mitanschwitzen, bis sie zu schmelzen beginnen. Die Tomatenwürfel unterrühren, salzen und pfeffern und 15 Minuten zugedeckt bei geringer Hitze köcheln lassen. Das Basilikum einstreuen.

3 Die Brokkoliröschen in sprudelnd kochendem Salzwasser 5 bis 8 Minuten kochen. Herausnehmen, abtropfen lassen und unter die Sauce heben.

4 Die Nudeln in sprudelnd kochendem Salzwasser kochen, abseihen und gut abtropfen lassen.

5 Die Pinienkerne in einer beschichteten Pfanne ohne Fett goldbraun rösten. Die Rigatoni unter die Tomaten-Brokkoli-Sauce mischen und auf Teller anrichten. Mit den Pinienkernen und dem Pecorino bestreuen und servieren.

Vor allem in Apulien wird diese Kombination von Gemüse und Pasta häufig zubereitet. Dort nimmt man dafür meist die selbstgemachten Orecchiette, die übrigens auch bei diesem Rezept gegen die Rigatoni ausgetauscht werden können. Es gibt sie auch getrocknet zu kaufen, denn das Selbstmachen ist nicht nur mühsam, es gehört auch viel Fingerfertigkeit dazu. Die Pinienkerne lassen sich bei diesem Rezept auch durch gestiftelte Mandeln ersetzen. Der Käse allerdings muß unbedingt ein Pecorino, oder zumindest ein anderer Schafkäse sein, denn das besondere Aroma der Milch vom Schaf gibt dem Käse den Geschmack, der sich so gut mit dem Brokkoli-Tomaten-Gemüse verträgt.

# Chilinudeln mit Zucchini

Wenn man in Mexiko Nudeln selbst macht, sollten sie auch entsprechend scharf sein.

ZUTATEN

Für den Nudelteig:

**250 g Mehl**

**2 Eier**

**1 Eigelb**

**½ TL Salz**

**2 EL Öl**

**6 getrocknete Arbol-japonés-Chillies**

Für die Sahnesauce:

**300 ml Sahne**

**3 frische Serrano-Chillies**

**Salz, 1 TL Limettensaft**

Außerdem:

**200 g Zucchini**

**20 g Butter**

**1 TL gehackter Epazote**

**80 g Mennonitenkäse, gehobelt**

ZUBEREITUNG

Es ist immer schwierig, traditionelle, regionale Rezepte in andere Kulturkreise zu übersetzen. Bei dem folgenden Rezept ist es aber nicht so schlimm, denn Nudeln haben in Mexiko keine lange Tradition, und so kann man es durchaus als eine mutige Kreation betrachten, sie mit den scharfen Chillies, dem Epazote und dem mexikanischen Käse kombiniert zu haben.

1 Den Nudelteig zubereiten, wie auf Seite 70 beschrieben. Dafür die Chilischoten halbieren, von den Samen befreien, im Mörser sehr fein zerstoßen und mit dem Salz unter den Nudelteig arbeiten. In Folie wickeln und mindestens 1 Stunde im Kühlschrank ruhen lassen.

2 Für die Sahnesauce die Sahne in einem Topf auf etwa die Hälfte einkochen lassen. Die Chilischoten halbieren, von den Samen und Scheidewänden befreien, in feine Streifen schneiden, in die Sahne einrühren und mitköcheln lassen. Mit Salz und Limettensaft abschmecken.

3 Inzwischen den Nudelteig zu Lasagnette verarbeiten. Dafür den Teig zunächst mit der Nudelmaschine ausrollen, dabei die Walzen immer enger stellen, bis der Teig die gewünschte Stärke hat. Anschließend mit dem entsprechenden Vorsatz in 1,5 bis 2 cm breite Streifen schneiden. In sprudelnd kochendem Salzwasser al dente kochen, abseihen und gut abtropfen lassen.

4 Die Zucchini waschen, beide Enden abschneiden, längs in etwa 3 bis 4 mm dicke Scheiben schneiden und diese längs halbieren. Die Butter in einer Pfanne erhitzen und die Zucchinistreifen darin kurz von beiden Seiten anbraten. Die Lasagnette durchschwenken und die Sahnesauce zugießen. Nochmals durchrühren und abschmecken. Mit dem Epazote und dem Mennonitenkäse bestreuen und servieren. Für dieses Gericht kann auch ersatzweise Emmentaler oder Gruyère verwendet werden.



**CHIHUAHUA MENONITA,** der Käse, der von den Mennoniten hergestellt wird, schmilzt schnell über den heißen Nudeln und ist entsprechend aromatisch. Deshalb ist er ideal für Pastagerichte, die nicht gratiniert werden.

**DIE CHILINUDELN** werden kräftig mit Epazote gewürzt, einem Kraut, das aus der mexikanischen Küche nicht wegzudenken, dessen Geschmack aber schwer zu beschreiben ist. Es harmoniert jedenfalls sehr gut mit Käse, wie bei den Quesadillas, und deshalb auch mit den Nudeln, die ja reichlich mit Käse bestreut werden.

# Gemüsepfanne mit Eiern

Sie ist eigentlich eine Vorspeise, aber mit einer entsprechenden Beilage wird sie zum Hauptgericht.

ZUTATEN

**100 g Lauch (nur das Weiße)**

**500 g türkische Paprikaschoten**

**100 g Stangensellerie**

**100 g Zucchini**

**100 g Aubergine**

**300 g Tomaten**

**150 g Zwiebeln**

**1 Knoblauchzehe**

**50 g Butter**

**Salz, frisch gemahlener weißer Pfeffer**

**1 TL edelsüßes Paprikapulver**

Außerdem:

**4 Eier**

**edelsüßes Paprikapulver zum Bestreuen**

ZUBEREITUNG

1 Den Lauch längs halbieren, sorgfältig unter fließendem Wasser waschen und in dünne Scheiben schneiden. Die Paprikaschoten waschen, halbieren, von Samen und Scheidewänden befreien und das Fruchtfleisch in Würfel schneiden. Den Stangensellerie waschen und klein würfeln. Die Zucchini und die Aubergine waschen und in 1 cm große Würfel schneiden. Die Tomaten kurz blanchieren, häuten, von Stielansatz und Samen befreien und das Fruchtfleisch in Würfel schneiden. Die Zwiebeln und die Knoblauchzehe schälen und fein hacken.

2 In einer entsprechend großen Pfanne die Butter zerlasssen und darin den Lauch, die Zwiebel- und die Knoblauchwürfel 3 bis 4 Minuten anschwitzen. Die Paprika-, Sellerie-, Zucchini-, Auberginen- und Tomatenwürfel zugeben und etwa 10 Minuten dünsten. Mit Salz, Pfeffer und Paprikapulver würzen.

3 In das Gemüse mit einem Kochlöffel 4 Vertiefungen anbringen. Die Eier aufschlagen und vorsichtig in die Vertiefungen gleiten lassen. Die Pfanne zudecken und die Eier auf dem Herd oder bei 180 °C im vorgeheizten Ofen stocken lassen. Vor dem Servieren die Eigelbe mit etwas Paprikapulver bestreuen.

In der Türkei heißt das Gericht »sebzeli yumurta«, und dort ißt man ganz einfach das mit Sesam bestreute runde Fladenbrot dazu. Wie bei solchen Gemüsemischungen üblich, kann man die Gemüsearten ganz nach eigenem Gusto auswählen oder, was sicher öfter vorkommt, nach dem Angebot des Marktes. Ebenso verhält es sich mit den Mengenangaben der Gemüsearten. Sie sollten im folgenden Rezept nur Anhaltspunkte sein. Die Paprikaschoten sollten allerdings immer ungefähr die Hälfte des gesamten Gemüsegewichtes ausmachen. Die dünnschaligen türkischen Schoten (Dolma) sind dafür am besten geeignet. Im Sommer und im Herbst sind sie auch auf unseren Märkten anzutreffen.

**PAPRIKA** gehört zu den wichtigsten Zutaten der türkischen Küche. Als Gewürz kommt es nahezu in jedes Gericht, und fast ebenso beliebt ist Paprika als Gemüse in allen Farben. Die roten Spitzpaprika werden am meisten verwendet.

# Steinpilznudeln

Mit einer Sauce aus frischen Tomaten werden sie zur Delikatesse.

ZUTATEN

Für den Nudelteig:

**250 g Mehl**

**2 Eier, 1 Eigelb**

**½ TL Salz**

**2 EL Öl**

**10 g getrocknete Steinpilze, im Mörser zerstoßen**

**1 EL feingehackte Petersilie**

**Wasser nach Bedarf**

Für die Tomatensauce:

**600 g reife Tomaten**

**80 g Schalotten**

**8 mittelgroße Salbeiblätter**

**125 g Butter**

**½ TL Salz**

Außerdem:

**100 g frisch gehobelter Parmesan**

ZUBEREITUNG

Die geschmacksintensiven Steinpilze sind ein idealer Aromageber für Nudeln. Um den Geschmack noch mehr hervorzuheben, gibt es einen einfachen Trick, der leider viel zu selten angewendet wird: In dem Kochwasser für die Nudeln zuvor eine Handvoll getrocknete Steinpilze auskochen. Die dann darin gekochten frischen Steinpilznudeln bekommen dadurch noch mehr Aroma.

1 Für den Teig das Mehl auf eine Arbeitsfläche häufen und in die Mitte eine Mulde drücken. Die Eier, das Eigelb, Salz, Öl, die Steinpilze und die Petersilie in die Mulde geben. Zunächst mit einer Gabel die Zutaten in der Mulde verrühren und dabei immer mehr Mehl vom Rand miteinrühren. Dann mit den Händen das Mehl von außen nach innen einarbeiten und zu einem glatten Teig kneten, bei Bedarf etwas Wasser unterarbeiten. In Folie wickeln und 1 Stunde kühl ruhen lassen.

2 Für die Sauce die Tomaten blanchieren, häuten, halbieren, Stielansatz und Samen entfernen, grob würfeln. Die Schalotten schälen und fein hacken. Die Salbeiblätter in Streifen schneiden.

3 Die Butter in einem Topf zerlassen und die Zwiebelwürfel darin glasig anschwitzen. Die Tomatenwürfel 10 Minuten mitdünsten. Die Salbeistreifen unterrühren und salzen.

4 Den Teig auf einer bemehlten Arbeitsfläche ausrollen, in Streifen schneiden und diese in einer Nudelmaschine in mehreren Durchgängen ausrollen, dabei die Walzen immer enger stellen, bis der Teig entsprechend dünn ist. Mit dem Lasagnette-Vorsatz in 1 cm breite Streifen schneiden. Auf ein leicht bemehltes Tuch legen und etwas antrocknen lassen.

5 Die Nudeln in sprudelnd kochendem Salzwasser al dente kochen und abseihen. Unter die Sauce mischen, auf Teller anrichten und mit frisch gehobeltem Parmesan bestreuen.

**FRISCHE STEINPILZE IN GUTER QUALITÄT** sind nicht nur selten zu haben, sie sind geschmacklich auch den meisten übrigen Pilzen überlegen. Die Saison ist allerdings kurz, und deshalb sollte man die Gunst der Stunde nutzen, wenn sie auf dem Markt auftauchen – oder man findet sie im Wald. In Scheiben geschnitten und getrocknet, lassen sie sich über lange Zeit lagern, und man hat eine absolute Qualitätsgarantie.

# Gemüsenudeln

Pasta ist in den Vereinigten Staaten von Amerika fast so populär wie in Italien.

ZUTATEN

**250 g kleine Fenchelknollen**

**350 g Paprikaschoten, rot und grün gemischt**

**300 g Tomaten**

**150 g Zuckerschoten**

**80 g Zwiebeln**

**1 Knoblauchzehe**

**2 kleine Chilischoten**

**4 EL Pflanzenöl**

**1 TL Salz, frisch gemahlener Pfeffer**

**1 TL gehackter Thymian**

**$^1/_4$ l Gemüsefond**

**250 g Rigatoni oder andere Röhrennudeln**

Außerdem:

**Blüten der Kapuzinerkresse**

ZUBEREITUNG

1 Den Fenchel waschen und abbürsten, halbieren, den Strunk herausschneiden und die Knollen in dünne Scheiben schneiden. Die Paprikaschoten halbieren, Samen und Scheidewände entfernen und das Fruchtfleisch in kleine Stücke schneiden. Die Tomaten kurz blanchieren, häuten, den Stielansatz entfernen und das Fruchtfleisch mit den Samen in gleichmäßig große Stücke schneiden. Die Zuckerschoten waschen, trocknen und die Enden abschneiden. Die Zwiebeln und die Knoblauchzehe schälen und ganz fein würfeln. Die Chilischoten längs halbieren, die Samen und Scheidewände entfernen und das Fruchtfleisch in winzige Würfelchen schneiden.

2 Das Öl in einer entsprechend großen Kasserolle erhitzen und darin die Zwiebel- und Knoblauchwürfel hell anschwitzen. Die Chilischoten und den Fenchel 5 bis 6 Minuten mitdünsten. Die Paprikaschoten und die Tomatenstücke zugeben, mit Salz, Pfeffer und Thymian würzen, den Gemüsefond aufgießen und weitere 15 bis 20 Minuten dünsten, bis das Gemüse schon etwas weich ist. Dann erst die Zuckerschoten zugeben und in weiteren 5 bis 10 Minuten fertigdünsten.

3 In der Zwischenzeit die Nudeln in sprudelnd kochendem Salzwasser al dente kochen, abseihen, gut abtropfen lassen und unter das Gemüse mischen. Auf Teller anrichten, mit Kresseblüten garnieren und servieren.

Daß man die Nudeln mit Gemüse kombiniert, ist nur naheliegend, vor allem in den Südstaaten mit ihrem unglaublichen Reichtum an frischem Gemüse bester Qualität: Chili- und Paprikaschoten in allen Formen und Schärfegraden, beste Tomaten, Squash (Kürbisse in allen Formen) und nicht zu vergessen, die Ladyfingers (Okraschoten), die in der kreolischen Küche viel verwendet werden und auch sehr gut zu diesem Rezept passen.

**DIE KÜCHE DER SÜDSTAATEN** kann recht abwechslungsreich sein, und Gemüse wird reichlich verwendet, zum Beispiel in »gumbos«, diesen kreolischen Eintöpfen mit Fisch oder Fleisch und immer mit viel Gemüse der Region.

**DIE NUDELVIELFALT IN DEN USA** ist beachtlich. Besonders bei den Röhrennudeln, die man ja ohnehin nicht selbst machen kann, gibt es alle gängigen italienischen Sorten und eine Menge Phantasieformen.

# Bohnen mit Reis

Typisch für die Küche Louisianas: Bohnengemüse, Reis und dazu eine scharfe Salsa.

ZUTATEN

**400 g getrocknete Kidneybohnen**

**100 g Zwiebeln**

**2 Knoblauchzehen**

**50 g Möhren**

**80 g Stangensellerie**

**200 g Paprikaschote**

**250 g grüne Bohnen**

**200 g reife Tomaten**

**4 EL Pflanzenöl**

**1 TL Salz, Pfeffer**

**1 TL Thymian**

**1 TL scharfer Senf**

**$^{1}/_{2}$ TL Kreuzkümmel**

**1 Lorbeerblatt**

**$^{1}/_{8}$ l Gemüsefond**

**$^{1}/_{2}$ TL Tabascosauce**

Für die Salsa:

**150 g Tomaten**

**100 g Frühlingszwiebeln**

**2 bis 3 Chilischoten**

**2 EL Petersilie**

**2 EL Weinessig**

**2 EL Olivenöl**

**Salz, Pfeffer**

Außerdem:

**150 g Reis**

ZUBEREITUNG

1 Die Bohnen in kaltem Wasser über Nacht einweichen, abgießen, gut durchspülen. In einem Topf in $1^{1}/_{2}$ l Salzwasser zum Kochen bringen, die Hitze reduzieren und weich köcheln lassen.

2 Die Zwiebeln und den Knoblauch schälen und ganz fein hacken. Die Möhren und den Stangensellerie ganz klein würfeln. Die Paprikaschote halbieren, Samen und Scheidewände entfernen und das Fruchtfleisch würfeln. Die grünen Bohnen waschen, putzen und halbieren. Die Tomaten blanchieren, häuten, halbieren, Stielansatz und Samen entfernen und das Fruchtfleisch würfeln.

3 Das Öl in einer Pfanne erhitzen und darin die Zwiebel- und Knoblauchwürfel hell anschwitzen. Die Möhren-, Sellerie- und Paprikawürfel zugeben und etwa 5 Minuten unter Rühren dünsten. Die Tomaten unterrühren und würzen. Den Fond aufgießen und bei geringer Hitze etwa 30 Minuten köcheln lassen. Die grünen Bohnen zugeben, nach weiteren 5 Minuten die weichgekochten roten Bohnen zufügen. Mit Tabascosauce würzen, zuerst mit ein paar Tropfen probieren, da sie sehr scharf ist. Inzwischen den Reis körnig kochen.

4 Für die Salsa die Tomaten waschen, halbieren, Stielansatz und Samen entfernen und das Fruchtfleisch klein würfeln. Die Frühlingszwiebeln grob hacken. Die Chilischoten längs halbieren, Samen und Scheidewände entfernen und das Fruchtfleisch ganz fein hacken. In einer Schüssel alles mit der Petersilie vermischen, mit Essig und Öl verrühren und mit Salz und Pfeffer würzen. Die Salsa mit dem Reis zu den Bohnen servieren.

**GETROCKNETE ROTE BOHNEN** gibt es zwar das ganze Jahr, aber die frischen Zutaten holt man sich direkt vom Farmer oder an einem Marktstand.

**IN DER KÜCHE DER CAJUN,** der Siedler, die nach den Franzosen aus Novascotia nach Louisiana einwanderten, gehören Bohnen zu den wichtigsten Zutaten, von den vielen Krebsen einmal abgesehen, die in den Mangrovesümpfen gefangen werden und die sie sozusagen als ihr kulinarisches Wappentier betrachten.

# Eierrollen mit Gemüsefüllung

Das sind dünne Pfannkuchen mit einer wunderbar exotischen Gemüsefüllung.

## Zutaten

Für die Pfannkuchen:

**100 g Mehl**

**1/8 l Wasser**

**3 Eier**

**1/4 TL Salz**

Für die Füllung:

**80 g Zwiebeln**

**2 Knoblauchzehen**

**60 g Möhren**

**60 g Stangensellerie**

**150 g Weißkohl**

**100 g Spinat**

**30 g frische Ingwerwurzel**

**70 g Frühlingszwiebeln**

**100 g Tofu**

**70 g frische Bohnensprossen**

**4 EL Erdnußöl**

**1/2 TL Salz**

**1 EL Essig**

**1 TL Zucker**

**1 kleine Chilischote, ohne Samen fein gewürfelt**

**3 bis 4 EL helle Sojasauce**

**1 EL gehacktes Koriandergrün**

Außerdem:

**Öl zum Braten und Ausbacken**

**geröstete Sesamsamen zum Bestreuen**

## Zubereitung

1 Das Mehl in eine Schüssel sieben und mit dem Wasser, den Eiern und dem Salz zu einem glatten Teig verrühren. 1/2 Stunde quellen lassen.

2 Für die Füllung Zwiebeln und Knoblauch schälen, fein hacken. Möhren und Sellerie putzen und in dünne Stifte, den Weißkohl in feine Streifen schneiden. Den Spinat waschen und putzen. Den Ingwer schälen und fein hacken. Frühlingszwiebeln in Ringe, Tofu in kleine Würfel schneiden. Die Bohnensprossen abbrausen und verlesen.

3 Das Erdnußöl im Wok erhitzen und das Gemüse bei starker Hitze pfannenrühren, wie gezeigt, es soll weich, aber noch knackig sein. Den Pfannkuchenteig durchrühren.

4 Eine Pfanne mit Öl auspinseln und nacheinander 12 dünne Pfannkuchen von 18 bis 20 cm Durchmesser braten. Auf einer Arbeitsfläche auslegen, die Füllung darauf verteilen, wie Frühlingsrollen zusammenfalten (siehe Seite 77) und im Wok ausbacken. Mit Sesam bestreuen und servieren.

Zwiebel- und Knoblauchwürfel im heißen Öl anschwitzen, Möhren- und Selleriestifte 2 Minuten mitschwitzen, herausnehmen.

Die Weißkohlstreifen in dem verbliebenen Bratfett unter Rühren braten, bis sie weich sind. Die Zwiebelmischung wieder zugeben.

Den Spinat zugeben und so lange rühren, bis er gerade zusammengefallen ist. Den gehackten Ingwer darüberstreuen.

Die Frühlingszwiebeln, die Bohnensprossen und den Tofu untermischen. Mit Salz, Essig, Zucker, Chili und Sojasauce würzen, mit Koriandergrün bestreuen.

In den Wok etwa 1 cm hoch Öl gießen und die Pfannkuchenrollen von beiden Seiten hellbraun ausbacken.

# Buchweizen-Tascherln

»Schwarzplenten« steht in Südtirol für Buchweizen, und daraus werden viele Teigwaren zubereitet.

ZUTATEN

Für die Sauce:

**400 g Eiertomaten**

**25 g Möhre**

**50 g Zwiebel**

**50 g Stangensellerie**

**1/2 TL Salz, Pfeffer**

**2 EL Olivenöl**

Für den Teig:

**300 g Buchweizenmehl**

**2 Eier**

**30 ml Milch, Salz**

Für die Füllung:

**30 g Schalotte**

**1 Frühlingszwiebel**

**1/2 Bund Petersilie**

**je 60 g Egerlinge, Shiitake- und Austernpilze**

**15 g Butter**

**40 ml trockener Weißwein**

**Saft von 1/2 Zitrone**

**Salz, schwarzer Pfeffer**

Außerdem:

**40 g zerlassene Butter**

**40 g Parmesan**

ZUBEREITUNG

1 Für die Sauce die Tomaten von den Stielansätzen befreien, würfeln und in einen Topf geben. Möhre und Zwiebel schälen, fein hacken. Den Sellerie waschen und ebenfalls fein hacken. Möhren-, Zwiebel- und Selleriewürfel zu den Tomaten geben, den Deckel aufsetzen und alles bei niedriger Temperatur in 40 Minuten weich köcheln.

2 Die fertige Sauce durch ein Sieb in eine Kasserolle passieren. Erwärmen, salzen und pfeffern, das Öl unterziehen. Den Teig zubereiten, wie in der Bildfolge gezeigt. In Folie wickeln und 1 Stunde ruhen lassen.

3 Für die Füllung die Schalotte fein hacken. Die Frühlingszwiebel in Ringe und die Petersilie fein schneiden. Alle Pilze putzen und klein würfeln. Die Butter zerlassen, die Schalottenwürfel darin hell anschwitzen. Die Pilze und die Frühlingszwiebel zugeben und bei hoher Hitze mitschwitzen. Mit dem Wein und dem Zitronensaft ablöschen, salzen und pfeffern.

4 Den Teig dünn ausrollen und Kreise von 6 cm Durchmesser ausstechen. Weiterverfahren, wie gezeigt. Die Täschchen in sprudelnd kochendem Salzwasser in 8 bis 10 Minuten garen. Herausheben. Mit der Sauce begießen, mit Butter beträufeln und mit Parmesan bestreuen.

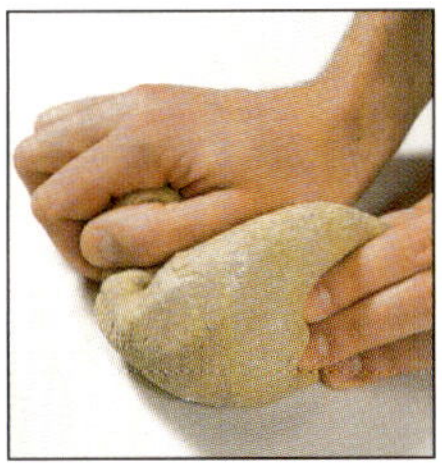

Das Mehl auf eine Arbeitsfläche häufen, in die Mitte eine Mulde drücken und die Eier hineingleiten lassen. Die Milch und das Salz zugeben. Die Zutaten vorsichtig vermischen und zu einem glatten Teig verkneten.

Auf die markierten Teigplätzchen 1 TL von der Füllung setzen. Darauf achten, daß sie genau im Zentrum plaziert ist. Zusammenfalten und mit den Fingern andrücken. Sollte der Teig zu trocken sein, vorher den Rand befeuchten.

**BUCHWEIZEN** ist ein Knöterichgewächs, dessen geschälte Körner zu Mehl gemahlen werden. Sein kerniger, kräftiger Geschmack ist allerdings nicht jedermanns Sache, deshalb wird das Buchweizenmehl oft mit Weizenmehl (50/50) verschnitten. So läßt sich der Teig auch leichter verarbeiten, weil er geschmeidiger ist.

# Kreolischer Gemüsereis

Tomaten und Paprikaschoten bestimmen dieses Gericht geschmacklich und passen bestens zu Reis und Bohnen.

ZUTATEN

**50 g Zwiebel**

**2 Knoblauchzehen**

**500 g Tomaten**

**je 1 grüne und gelbe Paprikaschote (je 200 g)**

**2 EL Öl**

**4 EL Tomatenmark**

**Salz, frisch gemahlener Pfeffer**

**Chilisauce**

**frische Thymianblättchen**

**4 EL gehacktes Koriandergrün oder Petersilie**

**1 Dose Kidneybohnen (400 g)**

**200 g Langkornreis**

**450 ml Wasser**

**2 EL Limettensaft**

ZUBEREITUNG

1 Die Zwiebel fein hacken, den Knoblauch grob zerdrücken. Die Tomaten blanchieren, häuten, Stielansatz und Samen entfernen, grob zerschneiden. Die Paprikaschoten waschen, halbieren, von Samen und Scheidewänden befreien und das Fruchtfleisch in kleine Würfel schneiden.

2 Das Öl erhitzen und die Zwiebelwürfel darin glasig anschwitzen. Den Knoblauch, das Tomatenmark, die Tomatenstücke und die Paprikawürfel zugeben. Salzen, pfeffern und mit Chilisauce abschmecken, mit 1/2 TL Thymianblättchen bestreuen, kurz angehen lassen.

3 Das Koriandergrün, die gut abgetropften Kidneybohnen und den Reis untermischen. Das Wasser und den Limettensaft zugießen, den Deckel auflegen, aufkochen und den Reis bei geringer Hitze in etwa 15 Minuten garen. Nach Belieben mit weiteren Thymianblättchen bestreuen und heiß servieren.

In den Südstaaten der USA hat sich eine abwechslungsreiche Küche entwickelt, die durch die Einflüsse der verschiedenen Bevölkerungsgruppen, die dort einwanderten, geprägt wurde. Hier wird gern mit Bohnen und Reis gekocht sowie mit Chillies und Limettensaft gewürzt. Auch Tomaten gehören dazu; sie sollten unter der Sonne ausgereift sein, damit sich ihr Aroma voll entfalten kann. Falls keine vollreifen, süßen Früchte zu bekommen sind, empfiehlt es sich, Dosenware zu nehmen, diese ist im Vergleich zu Treibhausware von hoher geschmacklicher Qualität. Wer sich die Mühe machen möchte, getrocknete Kidneybohnen zu verwenden, sollte diese am Abend vorher einweichen, ansonsten kann ebenfalls Dosenware verwendet werden.



**CHILLIES** müssen in Handarbeit geerntet werden, weil sie zu unterschiedlichen Zeiten an der Pflanze reifen. Zum Würzen eignen sich die ausgereiften roten Schoten am besten; ihre Schärfe und ihr Aroma sind dann vollständig entwickelt. Sie sind Hauptbestandteil der Chilisaucen.

# Nudeln mit zweierlei Käse

Ein italienisches Rezept, das mit zwei französischen Käsen ein ganz eigenes Aroma entwickelt.

ZUTATEN

**50 g Penne rigate**

Für die Sauce:

**30 g Schalotten**

**30 g Butter**

**100 ml Sahne**

**140 g Comté**

Außerdem:

**120 g reifer Roquefort**

**120 g Cocktailtomaten**

**8 Salbeiblätter**

**30 g Butter**

**Salz, frisch gemahlener Pfeffer**

ZUBEREITUNG

1 Für die Sauce die Schalotten schälen und ganz fein hacken. Die Butter in einem entsprechend großen Topf zerlassen, darin die Schalottenwürfel hell anschwitzen und mit der Sahne aufgießen. Den Comté reiben und zugeben. Den Käse bei schwacher Hitze unter ständigem Rühren mit dem Schneebesen langsam schmelzen.

2 Die Penne rigate in sprudelnd kochendem Salzwasser al dente kochen. Abseihen, nur abtropfen lassen, sofort mit der Sauce vermischen und auf 4 Teller anrichten. Den Roquefort zerbröseln, über die Nudeln verteilen und unter dem Grill kurz zerlaufen lassen.

3 Die Cocktailtomaten halbieren und mit den Salbeiblättern in der heißen Butter kurz dünsten. Mit Salz und Pfeffer abschmecken und über das heiße Gericht geben.

Das Gericht ist auch ein ganz hervorragendes Beispiel dafür, wie gute Produkte in einer wirklich höchst einfachen Zusammenstellung zu einer Delikatesse werden. Der Roquefort, aus roher Schafmilch hergestellt, ist ein wahres Meisterwerk der Geschichte, ein Käse mit Tradition, der ein uraltes Können voraussetzt. Der Comté wird aus Kuhmilch – nur von der Rasse »Montbéliarde« – hergestellt und darf nur im Jura und im Doubs produziert werden. Er wird noch nach genauen Bestimmungen auf traditionelle Art in Kupferkesseln produziert, da das Kupfer wichtig für den Geschmack ist. Ansonsten ist Kupfer mittlerweile für die Käseproduktion nicht mehr erlaubt.

**WÄHREND DER REIFUNGSZEIT** entwickelt jeder Käse seinen vollen Geschmack und sein typisches Aroma. Der Comté wird regelmäßig umgedreht, gesalzen und gerieben. Das ist reine Kraftarbeit, wie sie etwa Herr Barbier in der Käserei von Frasne ausführt, wenn er bis zu 900 Comtés umdreht, wobei jeder Käselaib 40 bis 50 kg wiegt. Der Roquefort, hervorgegangen aus den Gebräuchen einer jahrtausendealten Kultur, reift in den Felsenhöhlen des Berges Combalou. Felsspalten bewirken eine permanente Zufuhr von frischer, feuchter Luft. Die Eichenregale tragen zur natürlichen Feuchtigkeitsregulierung bei.

# Risotto mit Radicchio

Eine interessante, herb-würzige Kombination von Reis und rotem Chicoree.

ZUTATEN

Für 4 Portionen als Beilage oder 2 als Hauptgericht

**1 Schalotte**

**¼ Knoblauchzehe**

**200 g Radicchio di Treviso**

**30 g Butter**

**200 g Risottoreis**

**Salz**

**160 ml Weißwein**

**700 ml Gemüsefond**

**40 g geriebener Parmesan**

**40 g Butter in 4 Scheiben**

ZUBEREITUNG

Die Schalotte und den Knoblauch fein würfeln. Den Radicchio putzen und klein schneiden. Weiterverfahren, wie auf den Bildern gezeigt. Mit dem restlichen Parmesan bestreuen und die Butter auflegen.

Auf den Reis kommt es an, da für einen typisch italienischen Risotto ein gut aufquellender Rundkornreis genommen wird. Es gibt über 40 verschiedene Sorten in 4 Qualitätsstufen: comune, semifino, fino und superfino. Die Rundkornreissorten »Arborio« oder »Carnaroli« erfreuen sich besonderer Beliebtheit. Es kann aber auch ein Mittelkornreis verwendet werden, wie etwa »Vialone«, da dieser ähnliche Kocheigenschaften besitzt. Wichtig für einen gut gelungenen Risotto ist, daß er nicht trocken wird. Mit Radicchio di Treviso jedenfalls schmeckt dieses Rezept ausgesprochen gut. Dieser Rote Chicorée (*Cichorium intybus* var. *foliosum)* ist leicht an seiner länglichen Form und den weißen Mitteladern der Blätter zu erkennen. Am besten gelingt das Gericht in einem metallbeschichteten Kupfertopf, da sich darin die Hitze besonders gut verteilt. Der Risotto soll saftig sein, und die Reiskörner sollen noch einen kleinen, festen Kern haben. Auch muß am Anfang nicht viel gesalzen werden, da der Käse und der Fond für ausreichende Würze sorgen.

Die Butter zerlassen, die Schalotte und den Knoblauch darin glasig anschwitzen. Den Reis zugeben und unter Rühren glasig werden lassen. Nur leicht salzen.

Mit dem Weißwein ablöschen. Die Flüssigkeit im offenen Topf bis auf die Hälfte einkochen lassen. Der Fachmann nennt dieses Verfahren »reduzieren«.

Wenig Fond zugießen. Etwa 15 Minuten im offenen Topf köcheln lassen. Dabei jeweils so viel Fond nachgießen, daß der Reis immer leicht bedeckt ist.

Den geschnittenen Radicchio zugeben und erhitzen, bis er zusammenfällt. Die Hälfte des Parmesans unterrühren.

# Aufläufe & Gratins

Mindestens so wichtig wie die Zutaten unter der Decke sind bei Aufläufen und Gratins die Käse, die dem ganzen Gericht Würze und knusprigen Biß verleihen. Und das schönste: Wenn alles im Ofen schmurgelt, haben Sie freie Zeit für Ihre Lieblingsbeschäftigung.

# Quiche mit grünem Spargel

Eine solche Spargeltorte kann als Vorspeise, Zwischengericht oder einfach zu einem Glas Weißwein Serviert werden.

ZUTATEN

Für den Teig:

**200 g Mehl**

**150 g Butter**

**3 EL kaltes Wasser**

**½ TL Salz**

Für die Füllung:

**500 g dünner grüner Spargel**

**100 g Cocktailtomaten**

Für den Guß:

**300 ml Milch**

**100 ml Sahne**

**4 Eigelbe, 3 Eier**

**Salz, frisch gemahlener Pfeffer**

**frisch geriebene Muskatnuß**

Außerdem:

**2 Quicheformen von 20 cm Durchmesser**

**Backpapier und Hülsenfrüchte zum Blindbacken**

ZUBEREITUNG

1 Für den Teig das Mehl auf eine Arbeitsfläche häufen, in die Mitte eine Mulde drücken, die Butter in Stücken, das Wasser und das Salz hineingeben. Erst mit einem Messer zusammenhacken, dann rasch zu einem geschmeidigen Teig kneten. In Folie wickeln und 1 Stunde kühl ruhen lassen.

2 Den Teig auf einer bemehlten Arbeitsfläche gleichmäßig ausrollen. Mit dem Formrand den Durchmesser markieren, etwas größer ausschneiden, die Formen damit auslegen und den Teig blindbacken, wie gezeigt. Für die Füllung von den Spargelstangen die holzigen unteren Enden abschneiden und die Stangen in 6 cm lange Stücke schneiden. Von den Tomaten die Stielansätze entfernen und die Früchte quer halbieren. Die Spargelstücke und die Tomatenhälften in die Formen verteilen.

3 Für den Guß die Milch mit der Sahne, den Eigelben, den Eiern und den Gewürzen verrühren und über die Füllung gießen. Bei 200 °C im vorgeheizten Ofen 45 bis 50 Minuten backen.

Zum Blindbacken den Teigrand an die Form drücken und den Überstand abschneiden. Mit einer Gabel mehrmals einstechen.

Backpapier einlegen und Hülsenfrüchte einfüllen. Bei 200 °C im vorgeheizten Ofen 15 Minuten blindbacken.

Die Hülsenfrüchte und das Papier entfernen. So bleiben die Teigränder stehen und der Boden bleibt flach.

**NUR BESTE, DÜNNE SPARGELSTANGEN** sollte man dafür verwenden. Der wilde Spargel, wie er im Frühling auf Italiens Märkten angeboten wird, wäre ideal. Es kann aber auch dünner Kulturspargel sein, etwa der aus Thailand importierte grüne Spargel.

# Kartoffel-Zwiebel-Gratin

Diese deftige Variante eines Kartoffelgratins kann als Hauptgericht mit einem knackigen Blattsalat serviert werden.

ZUTATEN

**600 g festkochende Kartoffeln**

**600 g Zwiebeln**

**Salz, frisch gemahlener schwarzer Pfeffer**

**200 ml Gemüsefond**

**$^{1}/_{8}$ l Sahne**

**80 g frisch geriebener Greyerzer**

Außerdem:

**Butter für die Form**

**20 g Butter, in Flöckchen**

**1 EL gehackte Petersilie**

ZUBEREITUNG

1 Die Kartoffeln waschen und schälen. Die Zwiebeln schälen. Kartoffeln und Zwiebeln in 3 mm dicke Scheiben schneiden oder hobeln.

2 Eine feuerfeste Form mit Butter ausfetten. Die Kartoffel- und Zwiebelscheiben abwechselnd so einschichten, daß sie sich überlappen, und jede Schicht mit Salz und Pfeffer bestreuen. Den Gemüsefond darübergießen und das Gratin bei 200 °C im vorgeheizten Ofen 40 Minuten backen.

3 Die Sahne mit dem geriebenen Käse mischen und gleichmäßig über das Gemüse gießen. Die Butterflöckchen darauf verteilen und in weiteren 15 Minuten goldgelb überbacken.

4 Mit Petersilie bestreuen und servieren.

Das Gratin ist aber auch eine passende Beilage zu rustikalen Fleischgerichten wie es etwa Schweinebraten, Bratwürste oder heiße Fleischwürste sind. Als Hauptgericht läßt sich das Zwiebelgratin sehr einfach variieren, zum Beispiel, wenn man zwischen die Kartoffel- und Zwiebelscheiben 150 g gewürfelten geräucherten Bauchspeck streut oder daraus ein Kartoffel-Wurst-Gratin macht. Dafür eignet sich ganz besonders gut die Schweizer Salsiz, eine sehr geschmackvolle Hartwurst. Dafür 200 g Salsiz häuten, in möglichst dünne Scheiben schneiden, zwischen die Zwiebel- und Kartoffelscheiben legen und das Gericht weiterverarbeiten, wie hier im Rezept beschrieben. Zu einem solchen Gratin paßt dann ein ganz einfacher, mit Speck angemachter »Nüsslisalat«, wie der Feldsalat in der Schweiz genannt wird.

**FESTKOCHENDE KARTOFFELN** eignen sich für ein solches Kartoffel-Zwiebel-Gratin am besten. Sie werden während des Garvorgangs zwar weich, behalten aber ihre Form und haben vor allem etwas mehr »Biß« als die mehligen Kartoffeln.

# Spargel in Pfannkuchen, mit Käsesauce gratiniert

Frischer Spargel in feiner Hülle: In Holland überbäckt man ihn mit einer Käsesauce.

ZUTATEN

**1 kg weißer Spargel**

**Salz, Saft von ½ Zitrone**

Für den Teig:

**50 g Mehl**

**150 ml Milch**

**2 Eier**

**20 g flüssige Butter**

**25 g Gouda**

**30 g Butter zum Ausbacken**

**Salz, Pfeffer**

Für die Käsesauce:

**20 g Butter**

**15 g Mehl**

**¼ l Milch**

**Salz, Pfeffer**

**Muskatnuß**

**1 Eigelb**

**50 ml Sahne**

**30 g frisch geriebener alter Gouda**

**1 EL Sahne**

**1 EL Petersilie**

Außerdem:

**Butter für die Form**

**gehackte Petersilie zum Bestreuen**

ZUBEREITUNG

1 Für den Pfannkuchenteig das Mehl in einer Rührschüssel mit der Milch glattrühren. Die Eier aufschlagen, dazugeben und mit einem Schneebesen untermischen. Die zerlassene, lauwarme Butter unter Rühren in einem dünnen Strahl zufügen. Den Teig durch ein feines Sieb passieren. Den geriebenen Gouda mit je 1 Prise Salz und Pfeffer untermischen, etwa 1 Stunde ruhen lassen.

2 Vom Spargel das untere Ende abschneiden. Die Stangen mit einem scharfen Messer oder einem Sparschäler von oben nach unten schälen, dabei dicht unter dem Kopf ansetzen und nach unten hin dicker schälen. In einem Topf genügend Wasser mit etwas Salz und Zitronensaft aufkochen, den Spargel einlegen und 8 bis 10 Minuten kochen. Herausnehmen und beiseite stellen.

3 Für die Käsesauce die Butter in einem Topf zerlassen und das Mehl darin unter Rühren 1 bis 2 Minuten farblos anschwitzen. Die Milch zugießen, glattrühren und mit Salz, Pfeffer und Muskatnuß würzen. Die Sauce etwa 20 Minuten unter ständigem Rühren kochen. Das Eigelb und die Sahne verquirlen, die Sauce damit legieren und unter Rühren einmal aufkochen. Die Sauce durch ein feines Sieb passieren und erneut erhitzen. Den Gouda darin unter Rühren schmelzen. Die geschlagene Sahne und die Petersilie unterheben.

4 Jeweils etwas Butter in einer Pfanne von 16 cm Durchmesser zerlassen. ⅛ des Teiges hineingießen und den Pfannkuchen von beiden Seiten goldgelb backen. So 8 Pfannkuchen backen.

5 Eine Auflaufform mit Butter ausfetten. Je 3 Spargelstangen in einen Pfannkuchen einrollen und in die Form legen. Mit der Sauce begießen und bei 220 °C im vorgeheizten Ofen 12 bis 15 Minuten überbacken. Mit Petersilie bestreuen.

**DER LICHTEMPFINDLICHE SPARGEL** wächst in aufgeschütteten Erdwällen, denn jeder Sonnenstrahl verfärbt ihn grün. Bevor die Spitzen die Erdkruste durchbrechen, wird er abgeschnitten. Das ist ein mühsamer Vorgang, denn der Spargel muß Stange um Stange von Hand gestochen werden.

Mit seinem würzigen Geschmack ist ein alter Gouda der richtige Käse, um die zarte Komposition von Spargel und Pfannkuchen geschmacklich abzurunden. In fast zweijähriger Reifezeit bekommt der Käse eine harte Konsistenz und kann dadurch gut gerieben werden.

**FRISCHER SPARGEL** steht im Frühling immer in hoher Gunst. Beim Einkauf sollte man darauf achten, daß die Schnittflächen nicht vertrocknet sind und die Haut schön glatt ist. Auch möglichst gleich dick sollten die Stangen sein.

# Huevos en cazuela a la crema

Pochierte Eier im Topf, mit einer Käsesahnesauce gratiniert.

ZUTATEN

Für die Käsesauce:

**300 ml Sahne**

**140 g frisch geriebener Manchego**

**Salz, frisch gemahlener Pfeffer**

**1 Eigelb**

**1 EL gehackte Kräuter**

Für das Brot:

**4 Scheiben Weißbrot vom Vortag**

**50 ml Weißwein**

Für die pochierten Eier:

**1 l Wasser**

**50 ml Weißweinessig**

**4 Eier**

ZUBEREITUNG

1 Für die Käsesauce die Sahne in einem Topf erhitzen und den Käse darin unter Rühren schmelzen, nach Bedarf salzen und pfeffern und etwa 3 Minuten schwach köcheln lassen. Das Eigelb mit etwas heißer Sauce verquirlen und in die Sauce einrühren, sie darf aber nicht mehr kochen.

2 Die gehackten Kräuter (Thymian, Petersilie und Schnittlauch) einstreuen. Die Weißbrotscheiben in eine feuerfeste Form legen und mit dem Weißwein beträufeln.

3 Für die pochierten Eier das Wasser mit dem Essig aufkochen. Die gut gekühlten Eier einzeln aufschlagen. Immer nur 1 Ei in das siedende Wasser gleiten lassen, mit einer Schöpfkelle auffangen – um es in Form zu halten – und in 5 Minuten garziehen lassen.

4 Das fertige Ei in der Schöpfkelle vorsichtig aus dem Essigwasser herausnehmen. Weiterverfahren, wie gezeigt.

5 Die Eier auf die Brotscheiben legen und mit der Käsesauce übergießen. Bei 250 °C im vorgeheizten Ofen in 8 Minuten gratinieren.

Die pochierten Eier in vorbereitetes lauwarmes Salzwasser legen; auf diese Weise wird verhindert, daß sie hart werden. Vor der Weiterverarbeitung mit einem kleinen Messer die Eiweißfäden vorsichtig von den Eiern abschneiden.

Eiergerichte sind in Spanien sehr populär. Ob rustikal in einem Tontöpfchen oder fein in einer edlen Keramikform angerichtet, dieses simple Eiergericht kann zu jeder Gelegenheit serviert werden. In Portionsförmchen zubereitet, können die Eier auch einzeln gereicht werden. Für das Gelingen der pochierten Eier ist es wichtig, nur ganz frische Eier zu verwenden, da sie andernfalls beim Garen auseinanderlaufen würden.

**SIMPLES WEISSBROT** eignet sich für dieses Gratin. Ist es vom Vortag, so läßt es sich leichter schneiden, und dem Geschmack tut dies keinen Abbruch. Doch es soll richtig schön knuspriges, krustiges Weißbrot sein und kein weiches Toastbrot. Helles Mischbrot kann ebenso verwendet werden.

**FRISCHE KRÄUTER** verfeinern den Geschmack dieses herzhaften Gerichtes. Vor allem die Kombination Thymian/Petersilie/Schnittlauch ist für Eiergerichte interessant. Wer es etwas exotisch liebt, ersetzt die Petersilie durch Koriandergrün.

# Gratiniertes Gemüse

In Brasilien versteht man es, auch aus den ganz preiswerten Gemüsearten feine Gerichte zu zaubern.

ZUTATEN

**200 g Gemüsezwiebeln**

**300 g Blumenkohl**

**250 g Christophinen/Chayoten**

**200 g Freilandgurke**

**200 g Zucchini**

**300 g Tomaten**

**500 g Kochbananen**

**5 EL feines Pflanzenöl**

**$^1/_2$ l Gemüsefond**

**1 TL Salz**

**frisch gemahlener Pfeffer**

Außerdem:

**20 g Weißbrotbrösel**

**40 g frisch geriebener Parmigiano**

**20 g Butter für die Form**

**40 g Butterflöckchen**

**2 EL gehacktes Koriandergrün**

ZUBEREITUNG

1 Die Zwiebeln schälen und in Scheiben von etwa 5 mm Stärke schneiden. Den Blumenkohl waschen und in Röschen teilen. Die Christophinen schälen, halbieren, den Kern entfernen und würfeln. Die Freilandgurke und die Zucchini schälen und in Scheiben schneiden. Die Tomaten kurz blanchieren, häuten, vom Stielansatz befreien und mit den Samen würfeln. Die Kochbananen schälen und in 5 mm starke Scheiben schneiden.

2 Das Öl in einer großen Pfanne erhitzen und darin die Zwiebelscheiben bei starker Hitze unter Rühren einige Minuten weich dünsten. Das übrige Gemüse zugeben. Den Fond aufgießen und das Ganze 15 bis 20 Minuten dünsten, bis die Flüssigkeit fast verdampft ist. Salzen und pfeffern.

3 Die Weißbrotbrösel mit dem geriebenen Käse vermischen. Eine Auflaufform mit Butter ausstreichen und das Gemüse einfüllen. In den auf 200 °C vorgeheizten Ofen schieben, nach 10 Minuten mit der Brot-Käse-Mischung bestreuen und mit den Butterflöckchen besetzen. Weitere 20 Minuten backen. Herausnehmen, mit Koriandergrün bestreuen und servieren.

Zu den bevorzugten Gemüsearten in Brasilien gehören in erster Linie die Gemüse- oder Kochbananen mit ihrem hohen Stärkeanteil. Inzwischen werden sie auch bei uns auf Märkten und in den Exoten-Abteilungen der Kaufhäuser angeboten, meist grün und hart. Ihren guten Geschmack entwickeln sie aber erst, wenn sie reif sind. Man braucht sie nur einige Tage bei Zimmertemperatur zu lagern, bis sie leicht gelblich werden und weicher, aber niemals so weich wie Obstbananen. Für dieses Rezept werden sie mit Blumenkohl, Gurken, Christophinen, Zucchini und Tomaten gemischt. Es kann aber auch eine andere Auswahl frischer Gemüse sein.

**DIE TÄGLICHE BANANENERNTE** gehört für die Bevölkerung vieler Länder der Dritten Welt zur Basis ihrer Ernährung. Daß man mit diesen Früchten, die übrigens zum Rohverzehr nicht geeignet sind, auch gut kochen kann, beweist das nebenstehende Rezept.

# Gratinierte Gemüsenudeln

Dicke Röhrennudeln, reichlich Gemüse und eine Sauce mit pikantem Schafkäse.

ZUTATEN

**300 g Röhrennudeln**

Für das Gemüse:

**60 g Zwiebel, 1 Knoblauchzehe**

**250 g Aubergine**

**200 g Zucchini**

**100 g Stangensellerie**

**300 g Tomaten**

**4 EL Olivenöl**

**1 TL gehackter Thymian, 1 TL gehackter Salbei**

**½ TL Salz, frisch gemahlener schwarzer Pfeffer**

**⅛ l trockener Rotwein**

Für die Käsesauce:

**100 g frisch geriebener Pecorino (sardo oder toscano)**

**200 ml Sahne**

**3 Eigelbe, 1 EL gehackte Kräuter**

**Salz, frisch gemahlener Pfeffer**

**frisch geriebene Muskatnuß**

Außerdem:

**Butter für die Form, 50 g zerlassene Butter**

ZUBEREITUNG

1 Die Zwiebel und den Knoblauch schälen und ganz fein hacken. Das Gemüse waschen, trocknen und ungeschält verarbeiten. Die Aubergine vom Stiel befreien, längs in etwa 1 cm dicke Scheiben, daraus Streifen und diese wiederum in Würfel schneiden. Die Zucchini und den Stangensellerie in Scheibchen schneiden. Die Tomaten blanchieren, häuten, halbieren, Stielansatz und Samen entfernen, das Fruchtfleisch würfeln.

2 Das Öl in einer entsprechend großen Pfanne erhitzen und die Zwiebel- und Knoblauchwürfel darin hell anschwitzen. Die Auberginenwürfel, Zucchini- und Selleriescheibchen bei starker Hitze 4 bis 5 Minuten unter Rühren mitbraten. Die Tomatenwürfel zum Gemüse geben und mit Thymian, Salbei, Salz und Pfeffer würzen. Den Rotwein zugießen. Bei offener Pfanne und guter Hitze dünsten, bis das Gemüse weich und der Rotwein auf die Hälfte reduziert ist.

3 Die Nudeln in sprudelnd kochendem Salzwasser al dente kochen, abgießen und mit dem Gemüse vermischen. Eine Gratinform ausbuttern und die Nudel-Gemüse-Mischung einfüllen.

4 Den Käse mit der Sahne und den Eigelben verrühren, die Kräuter (Petersilie, Liebstöckel, Bohnenkraut und Rosmarin) zugeben und würzen.

5 Die Käsesauce über die Nudeln verteilen, die Form bei 200 °C in den vorgeheizten Ofen schieben und 20 bis 25 Minuten backen. Ab und zu die Oberfläche mit der zerlassenen Butter beträufeln. Besonders knusprig wird das Gratin, wenn die Oberfläche nach der halben Garzeit mit einer Mischung aus feinen Semmelbröseln und frisch geriebenem Parmesan bestreut wird.

Pennoni, Rigatoni, Tortiglioni oder Elicoidali, eignen sich am besten für einen Auflauf, weil dazwischen viel Platz für das Gemüse ist. Man kann aber auch Makkaroni in Stücke brechen.

**GUTES, FRISCHES GEMÜSE** ist wichtig, wenn das Gratin gelingen soll. Da muß die Zusammenstellung der einzelnen Gemüsearten nicht unbedingt mit dem Rezept identisch sein, wenn andere Arten frisch im Angebot sind.

# Gebackene Bohnen

»Baked Beans«, das beliebte Bohnengericht aus den Vereinigten Staaten Amerikas, gibt es in unzähligen Varianten.

## Zutaten

**400 g getrocknete Kidneybohnen**

**120 g Zwiebeln**

**1 Knoblauchzehe**

**1 scharfe grüne Peperoni**

**100 g ganz milde Peperoni**

**1 EL Pflanzenöl**

**2 EL gehacktes Koriandergrün**

**80 ml Gemüsefond**

**Salz, Cayennepfeffer**

**120 g frisch geriebener Gouda**

## Zubereitung

1 Die Bohnen in einer Schüssel mit kaltem Wasser bedecken und über Nacht einweichen. Die Bohnen am nächsten Tag abgießen, in einen Topf füllen und mit frischem Wasser bedecken. Zum Kochen bringen, die Hitze reduzieren und etwa $1^1/_2$ Stunden kochen, bis sie weich sind. Das Wasser vollständig abgießen.

2 Die Zwiebeln und den Knoblauch schälen und fein hacken. Die Peperoni halbieren, Scheidewände und Samen entfernen und das Fruchtfleisch in feine Würfel schneiden.

3 Das Öl in einer Pfanne erhitzen und Zwiebel- sowie Knoblauchwürfel darin 1 Minute anbraten. Die Peperonistückchen zufügen und durchschwenken. Die Bohnen und das Koriandergrün einrühren, den Fond aufgießen und mit Salz und Cayennepfeffer würzen. 5 Minuten köcheln lassen.

4 Die Pfanne von der Kochstelle nehmen und $^2/_3$ vom Käse unter die Bohnen mischen. Die Bohnen in eine feuerfeste Form füllen und mit dem restlichen Käse bestreuen. Bei 200 °C im vorgeheizten Ofen 15 Minuten überbacken.

Ein nahrhaftes, preiswertes Essen, das zum Alltag der amerikanischen Küche gehört. Durch ihren hohen Eiweißgehalt tragen Bohnen zu einer gesunden Ernährung bei. Mit Käse überzogen sind diese gebackenen, süßlich schmeckenden Kidneybohnen eine vollständige Mahlzeit, zu der frisches Weißbrot gut paßt. Dieses Gericht kann auch mit Fleisch zubereitet werden, etwa im Verhältnis $^2/_3$ Bohnen zu $^1/_3$ Fleisch.

**BOHNEN UND BEEF –** das ist eine deftige Variante, wenn man auf Fleisch nicht verzichten möchte. Dafür eignen sich besonders Fleischteile, die beim Zuschneiden von Steaks oder Filets (Filetspitzen) anfallen. Diese wertvollen Teile werden durch den Fleischwolf gedreht, mit gehackten Zwiebeln kurz angeröstet und unter die Bohnen gemischt.

# Gemüseauflauf aus Kreta

Ein angenehm leichtes Sommeressen, mit viel frischem Gemüse.

ZUTATEN

**150 g grüne Bohnen**

**400 g Zucchini**

**200 g rote Paprikaschoten**

**150 g Spinat**

**60 g Zwiebel**

**120 g Feta**

**120 g Kefalotiri**

**4 Eier**

**$^1/_8$ l Sahne**

**2 EL feingehackte Petersilie**

**1 EL feingehackte Minze**

**40 g geröstete Semmelbrösel**

**Salz, frisch gemahlener Pfeffer**

Außerdem:

**Olivenöl für die Form**

**1 EL geschälter Sesam**

ZUBEREITUNG

1 Die Bohnen putzen und in etwa 2 cm große Stücke schneiden. Von den Zucchini Blüten- und Stielansatz entfernen und das Fruchtfleisch in etwa 5 mm große Würfel schneiden. Die Paprikaschoten halbieren, Samen und Scheidewände entfernen und ebenfalls in 5 mm große Würfel schneiden. Den Spinat putzen und gründlich waschen. Die Zwiebel schälen und fein hacken.

2 Die Bohnen in kochendes Wasser geben und 10 Minuten kochen. In den letzten 3 Minuten die Zucchini- und Paprikawürfel mitkochen. Das Gemüse herausnehmen und gut abtropfen lassen. Den Spinat etwa 1 Minute blanchieren, abtropfen lassen, gut ausdrücken und grob hacken. Das Gemüse in einer Schüssel vermischen.

3 Den Feta in kleine Würfel schneiden. Den Kefalotiri reiben. Die Eier mit der Sahne verquirlen. $^2/_3$ der beiden Käsesorten, die Petersilie, die Minze und die Semmelbrösel zugeben, salzen, pfeffern und alles gut durchrühren. Über das Gemüse gießen und vermischen.

4 Eine feuerfeste Form mit Öl ausfetten und die Gemüsemischung einfüllen. Mit dem restlichen Käse und dem Sesam bestreuen. Bei 200 °C im vorgeheizten Ofen 25 Minuten überbacken.

Die Südküste Kretas und speziell die Gegend um Jerápetra ist ein Zentrum des kretischen Gemüseanbaus. Vor allem Tomaten und Frühgemüse gedeihen dort sehr gut. Um Qualitätsverluste zu vermeiden – gerade die wertvollen Vitamine werden durch Licht und Luft schnell zerstört – ist die richtige Lagerung bei Gemüse besonders wichtig. Nach Sorten getrennt und in Folie verpackt, nur so ist die erforderliche hohe Luftfeuchtigkeit garantiert, hält sich Gemüse am besten bei 0 bis 1 °C, kälteempfindliches Fruchtgemüse wie Auberginen oder Paprika dagegen bei etwa 10 °C.

**FRÜHGEMÜSE UND TOMATEN** sind wichtige Exportartikel der fünftgrößten Mittelmeerinsel und auch die kretischen Märkte bieten ein reiches Angebot an frischem Gemüse.

**EIN SOLCH SCHMACKHAFTER GEMÜSEAUFLAUF** wird seltener in kretischen Tavernen serviert als erwartet, weil dort mehr gegrillt und fritiert als gekocht wird. Umso lohnender ist es, das vitaminreiche Gericht selbst nachzukochen.

# Kartoffelgratin mit Reblochon

Ein kräftiger, aromatischer Käse aus Rohmilch gibt dem Gratin eine besondere Note.

ZUTATEN

**1 kg Kartoffeln**

**Salz**

Für die Käse-Sahne-Mischung:

**1/8 l Gemüsebrühe**

**1/8 l Sahne**

**500 g Reblochon**

**1/2 TL Salz, frisch gemahlener Pfeffer**

**frisch geriebene Muskatnuß**

Außerdem:

**30 g Butter für die Form**

**1 Knoblauchzehe, zerdrückt**

**1 EL feingehackte Zwiebel**

**1 Bund glatte Petersilie**

ZUBEREITUNG

1 Die Kartoffeln waschen, schälen und in Würfel von etwa 1 cm Kantenlänge schneiden. In einem Topf Salzwasser zum Kochen bringen. Die Kartoffelwürfel darin 4 bis 5 Minuten kochen, abgießen und mit kaltem Wasser kräftig auswaschen. Sehr gut abtropfen lassen.

2 Die Gemüsebrühe mit der Sahne in einem Topf erwärmen. Von dem Käse die Rinde ganz dünn abschneiden oder, noch besser, nur die äußere Schicht abkratzen, denn das starke Aroma des Käses soll erhalten bleiben. In dünne Scheiben schneiden und in der Sahnemischung bei ganz geringer Hitze unter Rühren langsam schmelzen. Mit Salz, Pfeffer und Muskatnuß würzen.

3 Die Butter in einer entsprechend großen Auflaufform zerlassen und den zerdrückten Knoblauch und die Zwiebelwürfel darin hell anschwitzen. Die Kartoffelwürfel darübergeben und mit der Käse-Sahne-Mischung übergießen.

4 Die Kartoffeln zunächst bei 220 °C im vorgeheizten Ofen etwa 20 Minuten garen. Die Hitze auf 180 °C reduzieren und das Gratin weitere 40 bis 50 Minuten backen, bis die Kartoffeln weich sind. Mit reichlich gehackter Petersilie bestreuen und servieren.

Diese Variante des pikanten Kartoffelgratins kann genauso als Beilage Verwendung finden, ist aber durchaus auch ein deftiges Gericht, wenn es einem mal nicht nach Fleisch oder Fisch zumute ist. Dieses Rezept ergibt vier sättigende Portionen, serviert mit einem frischen Salat. Ein Feldsalat, mit Speck angemacht, ergänzt übrigens dieses Gericht geschmacklich besonders gut.

**DAS KRÄFTIGE AROMA DER MUSKATNUSS** ist das beherrschende Gewürz bei diesem Gratin, und es kann geschmacklich gut gegen den höchst aromatischen Käse bestehen.

**REBLOCHON.** Dieser delikate halbfeste Schnittkäse ist in Frankreich ursprungsgeschützt; der Name ist nur solchen Käsen vorbehalten, die im Departement Haute-Savoie aus Rohmilch hergestellt werden. Diese runden Käselaibe haben ein Gewicht von 500 g und werden, zwischen Spanholzscheiben verpackt, geliefert. Als Ersatz für den Reblochon taugt auch eine Tomme de Savoie aus der gleichen Region, von der dann allerdings die Rinde vollständig abgeschnitten werden muß.

# Gratin au pistou

»Le pistou«, die provenzalische Basilikumsauce, gibt diesem Gericht seinen guten Geschmack.

ZUTATEN

**250 g getrocknete kleine weiße Bohnen**

**1 l Gemüsebrühe**

**250 g festkochende Kartoffeln**

**300 g Stangenbohnen**

**80 g Stangensellerie mit Grün**

**100 g Lauch (nur das Weiße)**

**200 g Zucchini**

**Salz, frisch gemahlener schwarzer Pfeffer**

**60 g Makkaroni**

Für den Pistou:

**30 g Basilikum**

**100 g Tomaten**

**3 Knoblauchzehen, grob gehackt**

**Salz, frisch gemahlener schwarzer Pfeffer**

**40 g frisch geriebene Tomme de Savoie**

**50 ml Olivenöl**

Außerdem:

**200 g Tomaten zum Belegen, gehäutet**

**60 g frisch geriebener Parmesan**

**20 g Semmelbrösel**

ZUBEREITUNG

1 Die Bohnenkerne über Nacht in kaltem Wasser einweichen. Abseihen. In der Gemüsebrühe erhitzen und 30 Minuten köcheln lassen.

2 In der Zwischenzeit die Kartoffeln waschen, schälen und in 2 cm große Würfel schneiden. Die Stangenbohnen putzen und in etwa 4 cm große Stücke schneiden. Den Stangensellerie waschen, das Grün entfernen und fein hacken, die Stangen in feine Scheiben schneiden. Den Lauch putzen, waschen und in Ringe schneiden. Die Zucchini von Blüten- und Stielansatz befreien und in 4 mm dicke Scheiben schneiden.

3 Die Kartoffeln zu den Bohnenkernen geben und 10 Minuten mitkochen. Die Stangenbohnen, den Sellerie und den Lauch weitere 10 Minuten, die Zucchini weitere 5 Minuten mitkochen. Das Selleriegrün einstreuen, salzen und pfeffern.

4 Die Makkaroni in etwa 4 cm große Stücke brechen und in sprudelnd kochendem Salzwasser al dente kochen. Abseihen und zum Gemüse geben.

5 Für den Pistou das Basilikum grob schneiden. Die Tomaten blanchieren, häuten, von den Samen befreien und mit der Gabel zerdrücken. Knoblauch, Salz und Pfeffer im Mörser zerreiben. Basilikum und Tomaten zugeben und mit etwas Käse und Öl zu einer Paste zerstoßen. Den restlichen Käse und das restliche Öl portionsweise einarbeiten. Rühren, bis eine pastenartige Creme entstanden ist.

6 Die Tomaten in 5 mm dicke Scheiben schneiden. Das Gemüse in eine Form füllen. Fortfahren, wie rechts oben gezeigt. Parmesan und Semmelbrösel mischen und daraufstreuen. Bei 200 °C im vorgeheizten Ofen 30 bis 35 Minuten backen.

Die Tomatenscheiben kreisförmig auf das Gemüse legen und mit dem Pistou gleichmäßig bedecken.

Die »soupe au pistou« stand diesem Rezept Pate. Allerdings wird bei diesem Gericht auf Flüssigkeit verzichtet, so daß ein richtiger Eintopf entsteht, der mit Weißbrotbröseln und reichlich Käse gratiniert wird.

**BASILIKUM,** wie es auf dem Markt in Aix-en-Provence angeboten wird. Es gibt dem Pistou die richtige Würzung. Pistou wird zu vielen Gemüsegerichten der Region gereicht.

# Tian aus dreierlei Gemüse

Ein echtes provenzalisches Sommergericht mit frischem Gemüse, Kräutern und feinstem Olivenöl.

ZUTATEN

**250 g Zwiebeln**

**3 Knoblauchzehen**

**3 EL Olivenöl**

**500 g Auberginen**

**500 g Zucchini**

**Salz**

**400 g Tomaten**

**200 g Mozzarella**

**frisch gemahlener Pfeffer**

**2 EL frisch gehackte Kräuter**

Außerdem:

**Olivenöl für das Backblech**

**2 bis 3 EL Olivenöl**

**50 g frisch geriebener alter Cantal oder Parmesan**

**20 g Semmelbrösel**

ZUBEREITUNG

1 Die Zwiebeln schälen und in Ringe schneiden. Den Knoblauch schälen und ganz fein zerdrücken. Das Öl in einer Pfanne erhitzen, die Zwiebeln und Knoblauchzehen darin anschwitzen und einige Minuten weich dünsten.

2 Die Auberginen und die Zucchini waschen, nach Belieben schälen und in 6 bis 7 mm starke Scheiben schneiden. 1 oder 2 Backbleche mit Olivenöl bestreichen, die Auberginen- und Zucchinischeiben auflegen und mit ganz wenig Salz bestreuen. Bei 180 °C im vorgeheizten Ofen 5 bis 7 Minuten braten, damit sie etwas vorgegart sind und Geschmack bekommen.

3 Die Tomaten waschen, den Stielansatz entfernen und in Scheiben schneiden. Die Mozzarellakugeln halbieren und zu ebensovielen Scheiben wie die Tomatenscheiben schneiden. Das Gemüse in die Form schichten, wie in der Bildfolge beschrieben.

4 Das Gratin bei 180 °C im vorgeheizten Ofen garen. Nach 25 Minuten herausnehmen, mit Öl beträufeln und mit der Mischung aus Käse und Semmelbröseln bestreuen. Weitere 20 bis 30 Minuten garen und in der Form zu Tisch bringen.

Tian, das ist ein rustikales Gratin (in Deutschland würde man es einen Auflauf nennen), das man möglichst nur zubereiten sollte, wenn Gemüse und Kräuter Saison haben. Wenn dann der Tian aus dem Ofen kommt und angestochen wird, verströmt er einen geradezu unwiderstehlichen Duft.

Die gedünsteten Zwiebeln in der ungefetteten Auflaufform verteilen und die gebackenen Auberginenscheiben darauf fächerförmig anordnen.

Die Tomaten- und Käsescheiben abwechselnd und überlappend einschichten. Mit Salz, Pfeffer und Kräutern (Petersilie, Basilikum und Oregano) bestreuen.

Die gebratenen Zucchinischeiben als letzte Schicht auflegen und damit den Auflauf abdecken. Leicht salzen und pfeffern.



**AUF PROVENZALISCHEN MÄRKTEN** läßt sich auch heutzutage noch gut einkaufen. Frische Produkte in bester Qualität sind so gut wie garantiert. In Aix-en-Provence sind es vor allem die vielen Kräuter und der Knoblauch, die beeindrucken.

# Spargelsoufflé

Weiß und grün – die Farben des Spargels und der Sauce aus Zuckerschoten.

ZUTATEN

**1 kg weißer Spargel**

**Salz, Zitronensaft**

Für die Soufflémasse:

**30 g Butter**

**30 g Mehl**

**100 ml Sahne**

**Muskatnuß**

**weißer Pfeffer**

**3 Eigelbe**

**100 g geriebener Bergkäse**

**3 Eiweiße**

**1 Prise Salz**

Für die Sauce:

**100 g Zuckerschoten**

**20 g Butter**

**60 g Schalotten, fein gehackt**

**100 g ausgepalte Erbsen (etwa 400 g Erbsenschoten)**

**300 ml Gemüsefond**

**60 g eiskalte Butter**

**Salz**

**Cayennepfeffer**

Außerdem:

**Butter**

**1 EL Schnittlauchröllchen**

ZUBEREITUNG

1 Von dem Spargel das untere Ende abschneiden. Die Stangen von oben nach unten mit einem Sparschäler schälen, dabei dicht unter dem Kopf ansetzen und nach unten dicker schälen. Vorsichtig mit Küchengarn zu Bündeln schnüren. Salzwasser mit etwas Zitronensaft aufkochen, den Spargel einlegen und 10 Minuten kochen. Abgießen, dabei 100 ml von dem Spargelsud auffangen und beiseite stellen. Das Garn von den Spargelbündeln entfernen und den Spargel in etwa 3 cm große Stücke schneiden. 4 Portionsförmchen mit Butter ausfetten und die Spargelstücke darin gleichmäßig verteilen.

2 Für die Soufflémasse die Butter zerlassen und das Mehl bei schwacher Hitze 2 bis 3 Minuten unter kräftigem Rühren darin anschwitzen. Die Sahne und den Spargelsud nach und nach einrühren. Mit Muskatnuß und Pfeffer würzen, aufkochen und unter Rühren 15 Minuten leise köcheln lassen. Die Masse in eine Schüssel umfüllen und etwas auskühlen lassen. Die Eigelbe nacheinander unterrühren. Den geriebenen Käse einrühren. Die Eiweiße mit dem Salz zu steifem Schnee schlagen und unter die noch lauwarme Soufflémasse heben. Über dem Spargel verteilen. Bei 200 °C im vorgeheizten Ofen 20 Minuten backen.

3 Für die Sauce die Zuckerschoten waschen, die Enden abschneiden und die Schoten in Stücke schneiden. Die Butter in einem Topf zerlassen und die Schalotten darin hell anschwitzen. Die Zuckerschoten und die Erbsen kurz mitschwitzen. Den Fond zugießen und 10 Minuten köcheln lassen. Im Mixer fein pürieren, durch ein Sieb passieren und wieder erhitzen. Die Butterstückchen unterrühren. Mit Salz und Cayennepfeffer würzen.

4 Die Portionsförmchen aus dem Ofen nehmen, das Soufflé mit Schnittlauchröllchen bestreuen. Sofort servieren. Die Sauce separat dazu reichen.

Dieses leichte Gericht kann auch mit grünem Spargel zubereitet werden, der farbliche Kontrast könnte dann mit einer Sauce aus weißem Spargel erreicht werden.

**NUR FRISCHER SPARGEL** läßt sich uneingeschränkt genießen. Den geputzten, geschälten Spargel am besten vor dem Zubereiten in kaltes Wasser legen – so trocknet er nicht so leicht aus.

**SPARGEL,** kombiniert mit jungen Hülsenfrüchten – ein Gericht, das Frühlingsstimmung auf den Tisch bringt. Als Beilage passen knusprige Bratkartoffeln oder Rösti.

# Spinatsoufflé

Mit dem jungen Frühlingsspinat und dem kräftigen Bärlaucharoma schmeckt es besonders fein.

ZUTATEN

Für die Béchamelsauce:

**60 g Butter**

**30 g Mehl**

**1/4 l Milch**

**40 ml Sahne**

**Salz, frisch gemahlener weißer Pfeffer**

**1 Prise frisch geriebene Muskatnuß**

**5 Eigelbe**

Für den Spinat:

**500 g Spinat**

**20 g Butter**

**2 gewürfelte Schalotten**

**1/2 gewürfelte Knoblauchzehe**

Außerdem:

**100 g feingeschnittener Bärlauch**

**5 Eiweiße**

**8 Soufflèförmchen**

**Butter und Semmelbrösel für die Förmchen**

ZUBEREITUNG

1 Für die Sauce die Butter zerlassen. Das Mehl einrühren und 2 Minuten anschwitzen. Die Milch unter ständigem Rühren langsam zugießen und 15 Minuten köcheln lassen. Die Sahne zufügen und unter Rühren erneut aufkochen. Würzen und abkühlen lassen.

2 Die Eigelbe eins nach dem anderen einrühren. Die Sauce in eine Schüssel füllen.

3 Den Spinat putzen, blanchieren und kalt abschrecken. Die Soufflémasse zubereiten, wie rechts gezeigt. Die Förmchen ausbuttern und mit Bröseln ausstreuen. Die Masse bis 1 cm unter den Rand einfüllen und kurz auf die Arbeitsplatte stoßen, damit Luftblasen entweichen können.

4 Die Förmchen bis zu 2/3 ihrer Höhe in ein 80 °C heißes Wasserbad setzen und das Soufflé bei 180 °C im vorgeheizten Ofen in 20 Minuten garen. In den Förmchen servieren.

Die gut ausgedrückten Spinatblätter auf einem Arbeitsbrett mit einem großen Messer hacken.

Die Butter zerlassen. Die Schalotten- und die Knoblauchwürfel mit dem Spinat darin anschwitzen.

Die Spinatmasse zu der Béchamelsauce geben und zusammen mit dem Bärlauch untermischen.

Die Eiweiße zu steifem Schnee schlagen und mit einem Holzlöffel locker unterheben.

**SPINAT** *(Spinacia oleracea)* ist, ähnlich wie Mangold, ein beliebtes Blattgemüse. Es sollte frisch zubereitet werden.

# Süßspeisen & Desserts

Ohne sie ist kein Menü komplett und eine Mahlzeit nur der halbe Genuß: Die Rede ist von den verführerischen kleinen Köstlichkeiten, den Desserts. Vergessen Sie bei den Rezepten in diesem Kapitel das Kalorienzählen, denn jedes Gericht ist garantiert eine Sünde wert.

# Rotwein-Erdbeeren mit Orangensorbet

»Trunkene« Beeren mit erfrischendem Sorbet: das richtige für heiße Frühsommertage.

ZUTATEN

Für die Rotwein-Erdbeeren:

**600 g kleine Erdbeeren**

**150 g Zucker oder Puderzucker**

**etwa 1/2 l Rotwein**

Für das Orangen-sorbet:

**150 ml Wasser**

**150 g Zucker**

**Schale von 1/2 unbehandelten Orange**

**1/4 l frisch gepreßter Orangensaft**

**Saft von 1 Limette**

**1/4 l trockener Weißwein**

**1 Eiweiß**

ZUBEREITUNG

1 Die Erdbeeren waschen und gut abtropfen lassen. Stielansatz und Blättchen abzupfen und die Beeren in eine große Schale legen. Den Zucker darüberstreuen oder den Puderzucker darübersieben und mit dem Wein aufgießen. Bei Zimmertemperatur über Nacht durchziehen lassen.

2 Für das Orangensorbet das Wasser mit dem Zucker und der Orangenschale kurz aufkochen und abkühlen lassen. Die Orangenschale entfernen. Den durch ein Sieb geseihten Orangen- und Limettensaft und den Weißwein zugießen. Das Eiweiß halbsteif schlagen und mit dem Schneebesen unter die Mischung heben. Die Masse in die Eismaschine füllen und cremig rühren.

3 Die Erdbeeren – bis auf 4 kleine zum Garnieren – mit etwas Flüssigkeit in Dessertschalen füllen. Das Orangensorbet in einen Spritzbeutel mit Sterntülle Nr. 11 füllen und jeweils eine Sorbetrosette auf die Erbeeren spritzen. Mit einer kleinen Erdbeere und Erdbeerblättchen garnieren und sofort servieren.

Dieses Rezept sollte man wirklich nur zur Erdbeerzeit machen, so zwischen Mai und Juli. Denn die Voraussetzung für ein gutes Gelingen sind einfach Erdbeeren, die an der Staude ausgereift sind. Und der zweitwichtigste Punkt ist der Wein, der von bester Qualität sein soll. Sind die Erdbeeren sehr groß, dann empfiehlt es sich, die Früchte einmal zu teilen, bevor sie mit Zucker bestreut werden. Puderzucker hat dabei den Vorteil, daß er sich schneller auflöst. Da aber die Erdbeeren ohnehin über Nacht stehen, ist dieser hier nicht zwingend notwendig und statt dessen kann man auch ganz normalen Zucker verwenden.

# Geeiste Portweincreme

Mit fruchtigen Melonenkugeln –
ein kühles Dessert aus Europas sonnigem Süden.

ZUTATEN

Für die Portweincreme:

**4 Eigelbe**

**50 g Zucker**

**70 ml roter Portwein**

**70 ml Sahne**

Für die Melonenkugeln:

**1 Honigmelone (Honey Dew, etwa 800 g)**

**6 cl roter Portwein**

**3 cl Limettensaft**

**60 g Zucker**

Außerdem:

**50 g Schokoladenröllchen**

**Puderzucker zum Besieben**

**Kerne von 1 Granatapfel**

**einige Blättchen Honigmelonensalbei zum Garnieren**

ZUBEREITUNG

1 Für die Portweincreme die Eigelbe mit dem Zucker cremig rühren. Die Schüssel auf ein Wasserbad stellen, den Portwein zugießen und die Masse mit dem Schneebesen schaumig schlagen, bis sie das Doppelte ihres Volumens erreicht hat. Die Schüssel aus dem Wasserbad nehmen, in ein mit Eiswasser gefülltes Gefäß stellen und die Creme kalt schlagen. Die Sahne steif schlagen und unter die Portweincreme heben. Die Creme in Förmchen von je 150 ml Inhalt füllen und in den Gefrierschrank stellen.

1 Die Melone halbieren und mit einem Löffel die Kerne entfernen. Aus dem Fruchtfleisch mit dem Kugelausstecher Kugeln ausstechen. Das restliche Melonenfleisch mit einem Löffel aus der Schale lösen und zusammen mit dem Portwein, dem Limettensaft und dem Zucker im Mixer fein pürieren. Die Sauce durch ein feines Sieb passieren und kalt stellen.

3 Die Förmchen mit der gefrorenen Portweincreme aus dem Gefrierschrank nehmen, kurz in heißes Wasser tauchen und den Inhalt auf gut gekühlte Teller stürzen. Mit Schokoladenröllchen bestreuen und mit Puderzucker besieben. Die Melonenkugeln mit den Granatapfelkernen neben der geeisten Portweincreme anrichten, mit der pürierten Sauce beträufeln und mit dem Honigmelonensalbei garnieren.

**Schokoladenröllchen herstellen:** Geschmolzene Kuvertüre mit einer Palette dünn auf einer Marmorplatte verstreichen, bis sie geschmeidig weich ist und die Oberfläche matt wird. Mit einem Spachtel im flachen Winkel ansetzen und die Kuvertüre von der Marmorplatte schaben. Weil sich Kuvertüre nur kurze Zeit zu Röllchen verarbeiten läßt, am besten nur kleine Flächen aufstreichen und darauf achten, daß sowohl der Arbeitsraum wie die Marmorplatte etwas temperiert sind.

**CREMIG-FRUCHTIGER GENUSS** an heißen Sommertagen. Die dekorativen Schokoröllchen lassen sich übrigens ganz leicht selbst herstellen: Dafür braucht es lediglich eine Marmorplatte, einen Spachtel und geschmolzene Kuvertüre.

# Crème caramel

Der Klassiker unter den französischen Desserts – serviert mit feinen Mandelblättern.

ZUTATEN

Für 6 Portionen

Für die Crème caramel:

**100 g Zucker**

**2 cl Wasser**

**1/2 l Milch**

**1/4 Vanilleschote**

**3 Eier, 2 Eigelbe**

**90 g Zucker**

Für die Mandelblätter:

**110 g Zucker**

**60 ml Orangensaft**

**30 g Mehl**

**60 g gemahlene Mandeln ohne Schale**

**60 g zerlassene Butter**

**abgeriebene Schale von 1 unbehandelten Orange**

Außerdem:

**6 Förmchen von je 150 ml Inhalt**

**etwas Öl zum Ausfetten der Förmchen, Backpapier**

ZUBEREITUNG

1 Für den Karamelspiegel der Creme den Zucker in einer Kasserolle erhitzen. Erst rühren, wenn er am Rand zu schmelzen beginnt. Weiterverfahren, wie in den ersten beiden Bildern rechts gezeigt.

2 Für die Creme die Milch mit der aufgeschlitzten Vanilleschote aufkochen. Eier, Eigelbe und Zucker in einer Schüssel gut verrühren, aber nicht schaumig schlagen. Weiterverfahren, wie ab dem dritten Bild rechts gezeigt.

3 Die Creme in die Förmchen füllen. Die Förmchen in ein 80 °C heißes Wasserbad setzen. Die Creme bei 150 °C im vorgeheizten Backofen 20 bis 25 Minuten garen.

4 Die Förmchen aus dem Ofen nehmen und die Creme in den Förmchen gut abkühlen lassen. Vor dem Stürzen mit einem spitzen Messer den Rand lösen, die Förmchen kurz in heißes Wasser tauchen und die Crème caramel auf Teller stürzen.

5 Für die Mandelblätter in einer Schüssel den Zucker mit dem Orangensaft verrühren, bis er sich aufgelöst hat. Das gesiebte Mehl und die Mandeln unterrühren. Zerlassene Butter und Orangenschale zufügen und alles gut vermischen. Eine Schablone herstellen. Dafür aus 1 bis 2 mm starkem Karton einen Kreis von 7 cm Durchmesser ausschneiden. Dabei einen »Griff« zum Halten einplanen. Ein Backblech mit Backpapier auslegen und weiterverfahren, wie auf Seite 117 oben gezeigt. Die Mandelblätter vorsichtig vom Rollholz ablösen und zu der Crème Caramel servieren. Die Mandelblätter können gut im voraus gebacken werden, da sie 1 bis 2 Tage knusprig bleiben.

Hat sich der Zucker in der Kasserolle vollständig aufgelöst, das Wasser auf einmal zugießen, dabei ständig rühren.

Die Förmchen leicht mit Öl ausfetten und die Karamelmasse jeweils 3 mm hoch in die Förmchen einfüllen.

Nach und nach die heiße Vanillemilch unter die Ei-Zucker-Masse rühren und die Creme etwa 1 Stunde ruhen lassen.

Die Creme durch ein feines Sieb gießen, um Klümpchen herauszufiltern und in die vorbereiteten Förmchen füllen.

Die Schablone auf das Blech legen und mit einer Palette die Masse aufstreichen. Überschüssigen Teig mit der hochkant gehaltenen Palette wieder abstreifen und bei 190 °C etwa 4 Minuten backen. Die Mandelblätter sofort vom Blech lösen und auf ein Rollholz legen, damit sie ihre leicht gebogene Form erhalten.

**WARUM DIE MANDELBLÄTTER** Löcher haben, ist kein Geheimnis; sie bekommen ihre netzartige Struktur beim Backen durch das Verdampfen des Orangensaftes.

# Haselnuß-Kartoffelnudeln

Ein süßes Hauptgericht, das nicht nur Kinder begeistert. Soll es als Dessert dienen, einfach die Zutaten halbieren.

ZUTATEN

Für 80 Stück

Für den Kartoffelteig:

**600 g mehlig kochende Kartoffeln, 200 g Mehl**

**50 g Butter**

**50 g Grieß**

**2 Eigelbe**

**1 Prise Salz**

Für die Nußmischung:

**50 g Butter**

**40 g Zucker**

**3 EL Orangensaft**

**120 g gemahlene Haselnüsse**

**Abgeriebenes von 1/2 unbehandelten Orange**

Außerdem:

**Puderzucker**

**Zesten von 1 unbehandelten Orange**

ZUBEREITUNG

1 Für den Teig die Kartoffeln in Alufolie wickeln und bei 200 °C im vorgeheizten Ofen 1 Stunde backen, anschließend pellen. Das Mehl auf eine Arbeitsfläche häufen, in die Mitte eine Mulde drücken. Die Butter in Stücken, den Grieß, Eigelbe und Salz hineingeben. Die heißen Kartoffeln kranzförmig durch die Kartoffelpresse auf den Mehlrand drücken und alles schnell zu einem glatten Teig kneten, 10 bis 15 Minuten ruhen lassen.

2 Den Teig auf einer bemehlten Arbeitsfläche zu Strängen von 3 bis 4 cm Durchmesser rollen und mit Mehl bestauben. Mit einem Messer 1 cm große Stücke abschneiden und mit der Hand zu Nudeln rollen, die zu beiden Enden spitz zulaufen. In kochendes, leicht gesalzenes Wasser einlegen und bei schwacher Hitze in 6 Minuten garziehen lassen. Abseihen und gut abtropfen lassen.

3 Die Butter in einer Pfanne aufschäumen lassen, Zucker und Orangensaft zugeben und köcheln, bis die Mischung leicht karamelisiert. Die Nüsse und die abgeriebene Orangenschale zufügen und rühren, bis sich die Butter-Zucker-Mischung vollständig mit den Nüssen vermischt hat. Mit den Nudeln vermengen, bis sie ganz von der Nußmischung eingehüllt sind. Die Nudeln auf Teller anrichten. Mit etwas Puderzucker und Orangenzesten bestreuen, servieren.

Die österreichische Küche kennt Nußnudeln meist in Form von Bandnudeln, die mit Haselnüssen und Eiern zu einem Auflauf gebacken werden. Aber auch diese Kartoffelnudeln, die vermutlich aus Böhmen stammen, sind recht populär, als gesalzene Beilage ebenso wie in diesem Rezept als süßes Hauptgericht oder Nachtisch.

**»DAS ZUCKERN«** überläßt man bei solchen Mehlspeisen dem Gast. Deshalb werden sie immer mit einer Staubzuckerdose serviert. »Staubzucker« ist so eine Art Puderzucker (wie er in Deutschland genannt wird), aber ein klein bißchen körniger.

# Flambierte Feigen

Ein südlich inspiriertes Dessert:
frische Feigen, warm serviert, mit Mandeleis.

## ZUTATEN

Für das Mandeleis:

**4 Eigelbe**

**100 g Zucker**

**100 g Marzipan**

**$^1/_4$ l Milch**

**$^1/_8$ l Sahne**

**100 g Mandeln, geschält, fein gemahlen und geröstet**

Für die flambierten Feigen:

**4 Feigen (je etwa 70 g)**

**70 g Butter**

**80 g brauner Zucker**

**Saft von 1 Limette**

**Saft von 2 Orangen**

**abgeriebene Schale von $^1/_2$ unbehandelten Orange**

**4 cl brauner Rum (54 Vol.-%)**

Außerdem:

**Minzeblättchen zum Garnieren**

## ZUBEREITUNG

1 Für das Mandeleis die Eigelbe mit dem Zucker und dem Marzipan in einer Schüssel cremig, aber nicht schaumig rühren. In einer Kasserolle die Milch mit der Sahne aufkochen. Die Sahnemilch noch heiß unter ständigem Rühren zu der Eigelb-Marzipan-Masse geben. Die Mischung zurück in die Kasserolle gießen und erhitzen, dabei ununterbrochen mit einem Holzspatel rühren, bis die Creme dickflüssig zu werden beginnt. Sie darf jedoch keinesfalls kochen.

2 Die Mandelcreme durch ein feines Sieb in eine Schüssel gießen und auf Eiswasser abkühlen lassen, dabei von Zeit zu Zeit umrühren. Die gerösteten Mandeln untermischen. Die vollständig erkaltete Creme in die Eismaschine schütten und frieren.

3 Die Feigen vorsichtig waschen und mit Küchenpapier trockentupfen. Den Stiel mit einem Messer abschneiden und die Früchte quer halbieren.

4 In einer Flambierpfanne 40 g Butter zerlassen und weiterverfahren, wie in der Bildfolge rechts gezeigt. Die flambierten, warmen Feigen mit 1 Kugel Mandeleis auf Teller anrichten. Mit etwas Sauce übergießen, mit Minze garnieren und sofort servieren.

Die halbierten Feigen von beiden Seiten je $^1/_2$ Minute bei starker Hitze anbraten. Die Feigenhälften herausnehmen und warmstellen.

Die restlichen 30 g Butter in der Flambierpfanne zerlassen und den Zucker darüberstreuen. Unter ständigem Rühren schmelzen.

Mit dem Limetten- und Orangensaft ablöschen und die Orangenschale zufügen. Die Sauce bei starker Hitze etwa 3 Minuten einkochen, dabei wiederholt umrühren.

Den Rum zugießen. Die Pfanne etwas schräg halten, den Rum anzünden und abbrennen lassen. Die angebratenen Feigen in der Flüssigkeit 1 Minute erwärmen.

**NEBEN GRIECHENLAND UND DER TÜRKEI** gehört auch Frankreich zu den klassischen Anbauländern der Feige. Allerdings gedeihen die wärmeliebenden Früchte dort außerhalb der südlichen Landesteile nur in wirklich geschützten Lagen. Flambiert und mit einer Kugel selbstgemachtem Mandeleis serviert, sind die frischen Feigen ein Hochgenuß.

# Walnußparfait

»Parfait aux noix« – der Name sagt es schon:
ein »perfektes« Eisdessert von zartem Schmelz, mit Walnüssen.

ZUTATEN

Für das Parfait:

**160 g Zucker**

**120 g grobgehackte Walnußkerne**

**4 Eigelbe**

**50 g Honig**

**½ Vanilleschote**

**200 ml Milch**

**300 ml Sahne**

Für die Erdbeersauce:

**250 g Erdbeeren**

**60 g Zucker**

**6 cl Wasser**

**2 cl Erdbeerlikör**

Zum Garnieren:

**⅛ l Sahne**

**20 g Zucker**

**Schokoladenblätter**

ZUBEREITUNG

1 In einer Kasserolle 80 g Zucker schmelzen. Die gehackten Walnüsse zugeben. Sobald sie karamelisiert sind, auf ein ganz leicht geöltes Backblech geben und erkalten lassen. Anschließend nicht zu fein hacken.

2 Eigelbe mit dem Honig und dem restlichen Zucker in eine Schüssel geben und cremig rühren. Die Vanilleschote der Länge nach aufschneiden, mit der Milch in einen Topf geben und aufkochen lassen. Vom Herd nehmen, die Vanilleschote entfernen und das noch anhaftende Mark in die Milch zurückstreifen.

3 Mit einer Schöpfkelle die noch heiße Milch langsam zu der Eier-Zucker-Masse gießen, dabei ständig rühren. Zurück in den Topf geben und auf dem Herd unter ständigem Rühren erhitzen, bis sie leicht angedickt auf dem Kochlöffel liegen bleibt. Die Creme darf dabei nicht mehr kochen!

4 Die Creme durch ein feines Sieb passieren, in eine Rührschüssel umfüllen und mit dem Handrührgerät etwa 15 Minuten bei mittlerer Drehzahl kalt rühren. Sie soll schön luftig und cremig sein. Im Kühlschrank vollständig erkalten lassen.

5 Die Sahne steif schlagen und zusammen mit dem gehackten Walnußkrokant unter die Eiercreme rühren. In eine mit Pergamentpapier ausgelegte Kastenform füllen und mindestens 4 bis 5 Stunden in das Gefriergerät stellen. Besser noch ist es, das Parfait über Nacht gefrieren zu lassen.

6 Für die Sauce die Erdbeeren putzen, waschen, gut abtropfen lassen und pürieren. Durch ein Sieb streichen. Zucker und Wasser aufkochen, das Erdbeermark untermischen und 2 bis 3 Minuten einkochen. Likör einrühren und erkalten lassen.

7 Die Sahne mit dem Zucker steif schlagen und in einen Spritzbeutel mit Sterntülle füllen.

8 Das Parfait aus dem Gefriergerät nehmen und auf eine Platte stürzen. Das Papier entfernen und das Eisdessert in Scheiben schneiden. Auf vorgekühlte Teller mit Sauce, Sahne und Schokoladenblättern anrichten.



**DIE WALNUSS** wird in warmen, milden Klimazonen kultiviert. Hauptausfuhrländer sind in Europa Frankreich, Italien und Spanien. Kalifornien hat die größten Walnußkulturen der Welt, bei uns jedoch werden die Nüsse aus der Gegend von Grenoble am meisten geschätzt.

**AN DER SAUCE** erkennt man den Koch. Diese alte Weisheit gilt nicht zuletzt für Desserts. Denn gerade bei den verführerischen Nachspeisen ist die Sauce oft das Tüpfelchen auf dem i. Zu dem Walnußparfait muß es nicht unbedingt eine Erdbeersauce sein, der eigenen Phantasie und Kreativität sind hier keine Grenzen gesetzt.

# Chocolate fudge tortlets

Zu der cremigen Süße der Schokoladentörtchen paßt am besten eine fruchtige Ananassauce.

ZUTATEN

Für den Mürbteig:

**130 g Mehl**

**60 g weiche Butter**

**1 Eigelb**

**1/4 TL Salz**

**1 TL Zucker**

**1 bis 2 EL Milch**

Für die Schokoladenfüllung:

**50 g Butter**

**100 g Kuvertüre**

**100 g Sahne**

**50 g Zucker**

**1 Ei, 1 Eigelb**

**Mark 1/2 Vanilleschote**

Für die Ananassauce:

**400 g Ananasfruchtfleisch**

**70 g Zucker**

**70 ml Wasser**

**1/2 Vanilleschote**

**2 cl Cognac**

Außerdem:

**8 Förmchen von 4 cm Durchmesser und 2 cm Höhe**

**getrocknete Linsen zum Blindbacken**

**1/8 l Sahne**

**20 g Zucker**

**20 g Schokoröllchen**

ZUBEREITUNG

1 Für den Mürbteig das Mehl auf die Arbeitsfläche sieben, in die Mitte eine Mulde drücken, die weiche Butter, das Eigelb, Salz, Zucker und die Milch hineingeben und mit der Hand verarbeiten. Das Mehl vom Rand schnell einarbeiten. Den Teig in Folie wickeln und 1 Stunde kühl stellen.

2 Den Teig auf einer bemehlten Arbeitsfläche dünn ausrollen. Die Förmchen damit auslegen, Ränder andrücken und den überstehenden Teig abschneiden. Linsen einfüllen und bei 200 °C im vorgeheizten Ofen 10 bis 15 Minuten »blindbacken«. Herausnehmen und mit einem Teelöffel die Linsen entfernen.

3 Für die Füllung Butter, Kuvertüre und Sahne in einer Schüssel auf einem Wasserbad erwärmen, bis die Butter und die Kuvertüre geschmolzen sind. In einer separaten Schüssel Zucker, Ei, Eigelb und Vanillemark mit dem Schneebesen cremig rühren und die Schokoladenmischung unterrühren. Die Masse in die vorgebackenen »tortlets« füllen. Bei 110 °C im vorgeheizten Ofen 20 bis 25 Minuten backen. Herausnehmen, etwas abkühlen lassen und aus den Förmchen lösen.

4 Für die Ananassauce 2/3 des Fruchtfleisches pürieren. Zucker mit Wasser und der Vanilleschote aufkochen. Die Vanilleschote herausnehmen, das Ananaspüree zufügen und 1 bis 2 Minuten mitkochen. Durch ein feines Sieb passieren. Das restliche Ananasfruchtfleisch in kleine Würfel schneiden, unter die Sauce mischen und nochmals aufkochen lassen. Den Cognac zugießen und die Sauce erkalten lassen.

5 Die Sahne mit dem Zucker steif schlagen und in einen Spritzbeutel mit Sterntülle füllen. Die Törtchen rosettenförmig damit verzieren. Mit Schokoröllchen garnieren und die Schokoladentörtchen mit der Ananasfruchtsauce anrichten.

Fudge – so heißen die cremigen, schweren Schokoladenfüllungen, die sich auf den britischen Inseln großer Beliebtheit erfreuen. In Kombination mit einer leichten Fruchtsauce wie hier wird ihre Üppigkeit jedoch wieder etwas abgemildert.

**FRISCHE, REIFE ANANAS** verströmen einen intensiven Duft. Auf ihn sollte man beim Einkauf achten und lieber etwas wählerisch sein. Zwar teurer, dafür süß und aromatisch, sind die sogenannten »Fluganans«, die reif geerntet mit dem Flugzeug eingeflogen werden. Doch auch die kleinen Babyananas können schön süß sein.

# Mandarinen-Charlotte

Unter der Hülle aus Biskuitroulade verbirgt sich eine fruchtige Orangencreme.

ZUTATEN

Für die Roulade:

**4 Eigelbe**

**50 g Zucker**

**1 Prise Salz**

**3 Eiweiße**

**60 g Mehl**

**200 g Himbeermarmelade**

Für die Creme:

**1 TL unbehandelte Orangenschale**

**100 ml Orangensaft**

**160 ml Weißwein**

**70 g Zucker**

**2 Eigelbe**

**4 Blatt weiße Gelatine**

**300 ml Sahne**

Für die Mandarinen:

**3 Mandarinen**

**10 g Zucker**

**je 2 cl Cointreau und Orangensaft**

Zum Verzieren:

**$^{1}/_{8}$ l Sahne, 20 g Zucker, 1 EL gehackte Pistazien**

Außerdem:

**Pergamentpapier**

ZUBEREITUNG

1 Für den Biskuit Eigelbe mit etwa $^{1}/_{4}$ des Zuckers und dem Salz schaumig rühren. Eiweiße zu einem absolut schnittfesten Schnee schlagen, dabei den restlichen Zucker einrieseln lassen. Zuerst die Eigelbmasse, dann das gesiebte Mehl vorsichtig unterheben.

2 Den Teig gleichmäßig auf ein mit Pergamentpapier ausgelegtes Blech (36 x 42 cm) streichen und bei etwa 230 °C 8 bis 10 Minuten backen. Danach sofort auf ein Tuch stürzen, Papier abziehen, mit Marmelade bestreichen, aufrollen und in etwa 8 mm dicke Scheiben schneiden.

3 Für die Creme abgeriebene Orangenschale, Saft, Wein, Zucker und Eigelbe unter ständigem Rühren in einem Topf aufkochen. Vom Herd nehmen. Die eingeweichte und gut ausgedrückte Gelatine in die noch heiße Creme rühren. Abkühlen lassen, dabei ab und zu umrühren, damit sich keine Haut bildet.

4 Die Sahne steif schlagen. Die Creme in eine Schüssel umfüllen. Wenn sie fast kalt, aber noch nicht fest ist, die Sahne unterziehen.

5 Die Mandarinen schälen, Filets auslösen, dabei weiße Häutchen entfernen. Den Zucker leicht karamelisieren. Mit Cointreau und Mandarinensaft ablöschen, aufkochen. Die Filets 1 Minute mitköcheln und abkühlen lassen.

6 Eine Glasschüssel (18 cm Durchmesser) mit Folie auskleiden und weiterverfahren, wie in der Bildfolge auf Seite 127 gezeigt. Die Schüssel mit Folie abdecken und die Charlotte im Kühlschrank, am besten über Nacht, fest werden lassen. Zum Servieren die Folie entfernen und die Charlotte auf eine Platte stürzen. Sahne und Zucker steif schlagen, mit einem Spritzbeutel mit Lochtülle Nr. 10 Rosetten um die Charlotte spritzen und mit Pistazien bestreuen.

Traditionelle Küche hin, Nouvelle Cuisine her, beim Dessert angelangt, sind beide Lager angesichts herrlich altmodischer Nachspeisen wie dieser Charlotte royale wieder miteinander versöhnt.

Die Schüssel so dicht wie möglich mit den Biskuitrouladenscheiben auslegen, damit möglichst wenig Zwischenraum bleibt, und die Charlotte Festigkeit bekommt.

Über den Rand ragende Scheiben abschneiden. Die Creme bis etwa 2 cm unter den Rand in die ausgelegte Schüssel füllen. Etwas Creme zurückbehalten.

Die ausgelösten Mandarinenfilets kreisförmig und dicht auf der Cremeoberfläche verteilen, so daß möglichst geringe Zwischenräume entstehen.

Die Mandarinenfilets mit der restlichen Creme gleichmäßig bestreichen und mit den restlichen Rouladenscheiben dicht an dicht kreisförmig belegen.

**CHARLOTTEN** präsentieren sich in ihrer gebackenen Hülle sehr attraktiv und sind das passende Dessert für festliche Anlässe.

# Kirschenmichel

Ein süßer, fruchtiger Auflauf, der in jeder Region einen anderen Namen hat.

## ZUTATEN

Für 6 Portionen

**4 Semmeln (200 g)**

**$^1/_8$ l Milch**

**750 g Süßkirschen**

**125 g weiche Butter**

**150 g Zucker**

**ausgeschabtes Mark von 1 Vanilleschote**

**1 Prise Salz**

**4 Eigelbe**

**50 g gehackte Mandeln**

**1 TL gemahlener Zimt**

**2 EL Kirschwasser, 4 Eiweiße**

Für die Vanillesauce:

**6 Eigelbe**

**100 g Zucker**

**$^1/_2$ l Milch**

**ausgeschabtes Mark von $^1/_4$ Vanilleschote**

Außerdem:

**Butter und Semmelbrösel für die Form**

## ZUBEREITUNG

1 Die Semmeln klein würfeln und 15 Minuten in der Milch einweichen. Die Kirschen waschen, abtropfen lassen, entstielen und entsteinen.

2 Butter, Zucker, Vanillemark und Salz schaumig rühren und die Eigelbe zufügen. Nacheinander die Brotwürfel, die Mandeln, den Zimt und das Kirschwasser unterrühren. Die Eiweiße steif schlagen und unterziehen. Die Kirschen unterheben.

3 Eine Form ausfetten und mit Semmelbröseln ausstreuen. Die Masse einfüllen. Bei 200 °C im vorgeheizten Ofen 45 bis 50 Minuten backen.

4 Inzwischen die Vanillesauce zubereiten. Die Eigelbe und den Zucker mit einem Schneebesen vermengen, dann cremig, aber nicht schaumig rühren. Die Milch mit dem Vanillemark aufkochen.

5 Die noch heiße Milch portionsweise unter die Eigelbcreme rühren. In einen Topf umfüllen und unter ständigem Rühren bis »zur Rose abziehen«. Das heißt, die Sauce ist dann genügend erhitzt, wenn sie auf dem Kochlöffel leicht angedickt liegen bleibt oder sich beim Daraufblasen Kringel zeigen, die an die Form einer Rose erinnern. Sollten sich kleine Klümpchen gebildet haben, die Sauce durch ein feines Sieb passieren.

Im Frühsommer, wenn es Kirschen im Überfluß gibt, ist er nicht nur Nachspeise, sondern auch ein beliebtes Hauptgericht. Kirschen – es können übrigens auch süße, reife Pflaumen sein – und altbackenes Weißbrot oder Semmeln sind die wesentlichen Zutaten. Die Eier bringen die nötige Bindung und Luftigkeit, und mit Mandeln, Kirschwasser oder anderen Gewürzen kann man dem Auflauf eine eigene Note geben.

**VOLLREIFE, SÜSSE KIRSCHEN** braucht man für den Auflauf, aber es können auch Sauerkirschen sein. Ihr besonders feines Aroma macht eine solch einfache Mehlspeise zur Delikatesse. Dazu paßt Vanillesauce.

# Powidltascherln

Eine Spezialität der böhmischen Küche: die berühmten, mit Zwetschgenmus gefüllten Taschen oder »Tatschkerln«.

ZUTATEN

Für den Teig:

**500 g mehligkochende Kartoffeln**

**50 g weiche Butter**

**50 g Weizengrieß**

**1 leicht gehäufter TL Salz**

**1 Ei, 100 g Mehl**

Für die Füllung:

**125 g Powidl (Zwetschgenmus)**

**$^1/_4$ TL gemahlener Zimt, 1 cl Rum**

Für die Polonaise:

**60 g Butter**

**100 g Semmelbrösel**

Außerdem:

**1 Eigelb zum Bestreichen**

**Puderzucker zum Besieben**

**leicht gebräunte Butter zum Beträufeln**

ZUBEREITUNG

1 Die Kartoffeln waschen, in Alufolie wickeln und bei 200 °C im vorgeheizten Ofen 1 Stunde backen. Herausnehmen und die Kartoffeln noch warm aufbrechen, mit einem Löffel aus der Schale lösen und durch die Kartoffelpresse kranzförmig auf eine Arbeitsfläche drücken. In die Mitte die weiche Butter, den Grieß, das Salz und das Ei hineingeben. Mit der Hand etwas verarbeiten und das Mehl darübersieben. Alles zu einem glatten Teig verkneten. Sollte der Teig noch zu weich sein, etwas Mehl zugeben. Den Teig $^1/_4$ Stunde ruhen lassen.

2 Den Teig auf einer bemehlten Arbeitsfläche etwa 3 mm dick ausrollen und mit einem runden, glatten Ausstecher Plätzchen von 7,5 cm Durchmesser ausstechen.

3 Den Powidl mit Zimt und Rum anrühren. Jeweils $^1/_2$ TL der Füllung in die Mitte der Plätzchen setzen. Die Ränder mit Eigelb bestreichen und die Plätzchen auf die Hälfte zu »Tascherln« zusammenklappen. Den Rand jeweils mit Daumen und Zeigefinger gut zusammendrücken, damit beim Kochen keine Füllung austreten kann.

4 Die Powidltascherln in kochendes Salzwasser einlegen. Nachdem sie an die Oberfläche gestiegen sind, weitere 10 Minuten ziehen lassen.

5 In der Zwischenzeit eine Polonaise bereiten. Dafür in einem Pfännchen die Butter zerlassen und die Brösel darin leicht anbräunen.

6 Die Tascherln aus dem Wasser nehmen, kalt abschrecken und gut abtropfen lassen. Die Powidltascherln in der Polonaise wälzen, auf Tellern anrichten, mit Puderzucker besieben und mit etwas leicht gebräunter Butter beträufeln. Dazu paßt übrigens hervorragend selbstgemachtes Apfelmus.

Powidltascherln aus Kartoffelteig werden nach dem Kochen in einer »Polonaise« gewälzt. Das hat jedoch weniger mit Tanzen als vielmehr mit Geschmack zu tun: Denn umhüllt von gerösteten Semmelbröseln und beträufelt mit leicht gebräunter Butter schmecken sie einfach am besten.

**AUSGEREIFTE UND AROMATISCHE ZWETSCHGEN** sind die Basis von Powidl, dem Zwetschgenmus, das es bereits fertig zu kaufen gibt. Es darf allerdings nicht zu wäßrig sein und sollte, sofern dies der Fall ist, lieber noch ein paar Minuten eingekocht werden.

# Toffee-Pudding

Ein Pudding der feinen englischen Art, krönender Abschluß eines Wintermenüs.

ZUTATEN

Für den Pudding:

**60 g Butter**

**100 g brauner Zucker**

**1/2 Vanilleschote**

**1 Prise Salz**

**1/2 TL Ingwerpulver**

**3 Eier, 50 g Zuckersirup**

**80 g getr. Pflaumen**

**100 g Mehl**

Für die Äpfel:

**80 g Zucker**

**Saft von 1/2 Zitrone**

**1/4 l Sahne**

**70 g Butter**

**300 g kleine Äpfel**

**2 cl Whisky**

Für die Beeren:

**40 g Zucker, 1 Stück Zimt, 1 Nelke**

**Saft von 1/2 Orange**

**100 g Preiselbeeren**

Außerdem:

**Butter und brauner Zucker**

**1/8 l Sahne**

**20 g Zucker**

ZUBEREITUNG

1 Für den Pudding die Butter mit 30 g Zucker, dem ausgeschabten Vanillemark, dem Salz und dem Ingwer in einer Schüssel cremig rühren. Die Eier trennen. Die Eigelbe einzeln unterrühren. Den Zuckerrübensirup untermischen.

2 Die Pflaumen sehr klein schneiden und sorgfältig mit dem Mehl vermischen. Die Eiweiße so lange schlagen, bis ein steifer, schnittfester Schnee entstanden ist, dabei den restlichen Zucker langsam einrieseln lassen. Zunächst 1/3 des steifen Eischnees mit dem Holzspatel kräftig unter die Buttermasse rühren. Die Mehl-Pflaumen-Mischung zufügen und mit dem restlichen Eischnee vorsichtig unterheben.

3 4 Förmchen à 150 ml Inhalt mit Butter ausstreichen und mit Zucker ausstreuen. Den Pudding bis 1 cm unter den Rand in die Förmchen füllen und diese mit gebutterter Alufolie verschließen. In ein 80 °C heißes Wasserbad stellen und bei 150 °C im vorgeheizten Ofen 45 Minuten garen. Die Folie entfernen.

4 Für die Karameläpfel Zucker, 50 ml Wasser und Zitronensaft in einer Kasserolle hellbraun karamelisieren. Die Sahne zugießen und 10 Minuten leise köcheln. 50 g Butter unter Rühren darin schmelzen. Die Äpfel schälen, achteln und das Kerngehäuse vollständig entfernen. Die restliche Butter in einer Pfanne schmelzen und die Apfelstücke 1 bis 2 Minuten darin anschwitzen. Mit dem Whisky ablöschen. Die Karamelsauce zugießen und erneut 1 bis 2 Minuten köcheln. Vom Herd nehmen.

5 Für die Preiselbeeren 70 ml Wasser, Zucker und Gewürze in einer Kasserolle einige Minuten sprudelnd kochen lassen. Durch ein Sieb gießen und die Flüssigkeit mit dem Orangensaft und den Preiselbeeren in einer Kasserolle köcheln, bis die Beeren leicht einschrumpfen. Abkühlen lassen.

6 Die Sahne mit dem Zucker halbsteif schlagen. Den Pudding aus den Förmchen auf Teller stürzen, mit den Karameläpfeln, den Preiselbeeren und der Sahne anrichten und warm servieren.

Er ist längst nicht so üppig wie der englische Christmas-Pudding mit seinem viel höheren Anteil an getrockneten Früchten, aber im Geschmack steht der Toffee-Pudding dem Traditionsgebäck in nichts nach.

**APFELSTÜCKE** in einer cremigen Karamelsauce harmonieren hervorragend mit dem würzigen Pudding. Und als Kontrapunkt gedünstete Preiselbeeren, deren herbes Aroma der Süße die Spitze nimmt.

# Aprikosen-Reis-Auflauf

Eine süße Spezialität aus der vielfältigen Küche Südosteuropas.

ZUTATEN

Für den Reis:

**1/2 l Milch**

**ausgeschabtes Mark von 1/2 Vanilleschote**

**1/2 TL Salz**

**150 g Milchreis**

**60 g Zucker**

**60 g Butter**

**3 Eigelbe**

**3 Eiweiße**

Für die Aprikosen:

**700 g reife Aprikosen**

**80 g Zucker**

**Abgeriebenes und Saft von 1 unbehandelten Zitrone**

**4 cl Marillenlikör**

**30 g gestiftelte Mandeln**

Außerdem:

**Butter für die Form**

**Puderzucker zum Besieben**

ZUBEREITUNG

1 Die Milch mit dem Vanillemark und dem Salz in einem Topf zum Kochen bringen. Den Reis unter Rühren einrieseln lassen und bei sehr geringer Hitze 20 bis 30 Minuten ausquellen lassen. Vom Herd nehmen und erkalten lassen.

2 Die Hälfte des Zuckers in einer Schüssel mit der Butter schaumig rühren. Die Eigelbe nacheinander zugeben und jeweils gut unterrühren. Diese Mischung unter den erkalteten Reis rühren. Die Eiweiße zu steifem Schnee schlagen, dabei den restlichen Zucker langsam einrieseln lassen. Den schnittfesten Eischnee vorsichtig unter die Reismasse heben.

3 Die Aprikosen blanchieren, kalt abschrecken, häuten, halbieren und entkernen. 5 Aprikosenkerne mit einem festen Gegenstand aufschlagen und das Innere der Kerne (die Samen) herausholen. Die Aprikosen in eine Kasserolle geben, Zucker, abgeriebene Zitronenschale und Zitronensaft zufügen. Die Aprikosensamen zu den Früchten in den Topf geben und alles 5 Minuten köcheln lassen. Weiterverfahren, wie rechts gezeigt.

4 Eine Auflaufform mit 24 cm Durchmesser mit Butter ausfetten, die gekochten Aprikosen einfüllen und mit den Mandelstiften bestreuen. Die Reismasse gleichmäßig darauf verteilen, wie gezeigt, und bei 180 °C im vorgeheizten Ofen 30 bis 40 Minuten backen. Nach der Hälfte der Backzeit den Auflauf mit Alufolie abdecken, da er schnell bräunt. Mit Puderzucker besieben.

Die Aprikosensamen nach 5 Minuten wieder herausnehmen. Den Likör einrühren und etwas abkühlen lassen. Die Fruchtmischung in die gefettete Form geben, mit Mandelstiften bestreuen und mit der Reismasse bedecken.

Aprikosen sind nicht nur als Tafelobst beliebt. Die aromatischen Früchte werden zu Konfitüre, Likör und Trockenobst verarbeitet oder dienen als Basis für eine Vielzahl von Desserts und Backwaren. Die feinsten Früchte kommen erst im Spätsommer aus Bosnien und Kroatien zu uns auf den Markt. Und dieser saftige Aprikosen-Reis-Auflauf verlangt unbedingt nach vollreifen Früchten, die durch den Marillenlikör zusätzlich Geschmack erhalten. Aprikosenkerne dienen als Mandelersatz, denn mit ihrem nussigen Geschmack bringen die Samen ein schönes Aroma mit ein.

# Kuchen & Gebäck

Nicht nur die süße Seite der internationalen Backkunst wird hier beleuchtet, auch Rezepte für pikante Köstlichkeiten gehören zum Repertoire: So finden Sie neben schlichten Kuchen und raffinierten Torten auch Deftiges vom Blech und knuspriges Kleingebäck.

# Tarte aux noix

Frische Walnüsse und Zucker in Mürbteig gebacken – eine ganz einfache Torte aus dem Süden Frankreichs.

## Zutaten

Für den Mürbteig:

**250 g Mehl**

**150 g Butter**

**120 g Zucker**

**5 Eigelbe**

**ausgeschabtes Mark von 1 Vanilleschote**

**1 Messerspitze Salz**

Für die Füllung:

**250 g Walnußkerne**

**150 g brauner Zucker (Farinzucker)**

**40 g zerlassene Butter**

Für die Glasur:

**1 Eiweiß**

**30 g Zucker zum Bestreuen**

Zum Garnieren:

**Zucker**

**Walnüsse**

Außerdem:

**1 Springform von 24 cm Durchmesser**

**Puderzucker zum Besieben**

## Zubereitung

1 Für den Mürbteig das Mehl sieben und in die Mitte eine Mulde drücken. Die Butter in Stücken, den Zucker, die Eigelbe, das Vanillemark und das Salz hineingeben. Rasch zu einem Teig verkneten. Den Teig in Folie wickeln und mindestens 1 Stunde im Kühlschrank ruhen lassen.

2 Für die Füllung die Walnußkerne in der Küchenmaschine fein hacken, dabei den Zucker einrieseln lassen. Die Butter zugießen und alles zu groben Krümeln verarbeiten.

3 Für den Boden $^{2}/_{3}$ vom Teig auf einer bemehlten Arbeitsfläche 4 mm stark ausrollen. Die Form damit auslegen, dabei einen Rand formen. Die Füllung auf dem Teig verteilen. Den restlichen Teig ausrollen, über die Form legen und die Teigoberfläche mit dem Teigrand fest zusammendrücken. Den überstehenden Teig abschneiden. In die Mitte der Oberfläche einige Löcher stechen, damit der entstehende Dampf entweichen kann. Den Kuchen 30 Minuten kühl ruhen lassen.

4 Den Kuchen aus dem Kühlschrank nehmen und bei 190 °C im vorgeheizten Ofen 15 Minuten backen, die Temperatur auf 180 °C zurückschalten und in 25 bis 30 Minuten hellbraun backen. In der Zwischenzeit das Eiweiß leicht schaumig schlagen. Den Kuchen aus dem Ofen nehmen, sofort die Oberfläche mit dem Eiweiß bestreichen und mit dem Zucker bestreuen. Weitere 5 Minuten backen, bis die Oberfläche schön knusprig ist. Den Kuchen auskühlen lassen und leicht mit Puderzucker besieben.

5 Zum Garnieren etwas Zucker in einer kleinen Kasserolle schmelzen. Die Walnüsse eintauchen, herausnehmen und auf die Torte legen.

Die Zutaten für diese Torte sind annähernd die gleichen wie bei der berühmten »Engadiner Nußtorte«, doch das Ergebnis ist trotzdem nicht zu vergleichen, also keine Konkurrenz, sondern eben nur ganz anders. Letztere wird mit Nüssen gefüllt, die mit Karamel gebunden und entsprechend zäh und süß sind. Diese »tarte aux noix« aber bringt den Eigengeschmack der Walnüsse wesentlich besser zur Geltung. Dieses Rezept ist für eine Form von 24 cm Durchmesser gedacht, kann aber auch auf zwei kleine Torten von 18 cm Durchmesser verteilt werden.

**BESTE WALNUSSQUALITÄTEN** kommen aus Frankreich. Schon bei der Ernte wird die Technik zu Hilfe geholt. Geschüttelt wird mit dem Traktor, doch es fallen nur die reifen Nüsse. Sollte eine »taube Nuß« dabei sein, wird sie beim Waschen aussortiert.

**FRISCHE WALNÜSSE –** nur von der neuen Ernte – sollte man zum Backen verwenden, denn nur eine einzige, ranzige Nuß kann den ganzen Kuchen verderben.

# Tarte à l'orange

Eine klassische Torte aus Frankreich, die aber trotzdem in vielen Variationen zubereitet wird.

ZUTATEN

Für den Mürbteig:

**190 g Mehl**

**80 g Butter**

**50 g Zucker, 1 Ei**

**1 Messerspitze Salz**

Für die Creme:

**70 g Marzipanrohmasse**

**1 Eiweiß**

**2 cl Amaretto**

**40 g Puderzucker**

**2 Blatt Gelatine**

**200 ml Milch**

**½ Vanilleschote**

**60 g Zucker**

**2 Eigelbe**

**20 g Speisestärke**

Für die Orangen:

**1 kg Orangen**

**125 g Zucker**

Zum Garnieren:

**120 g Orangenmarmelade**

**1 Maraschinokirsche**

ZUBEREITUNG

1 Für den Teig alle Zutaten verarbeiten, wie auf Seite 138 beschrieben. Den Teig in Folie wickeln und mindestens 1 Stunde kühlen.

2 Eine Springform von 28 cm Durchmesser mit Backpapier auslegen. Den Teig 3 mm stark ausrollen, in die Form legen. In 25 Minuten bei 200 °C im vorgeheizten Ofen blindbacken, wie auf Seite 88 gezeigt.

3 Für die Creme die Marzipanrohmasse mit dem Eiweiß, dem Amaretto und dem Puderzucker zu einer absolut glatten Masse verrühren. Die Gelatine in etwas kaltem Wasser einweichen. Die Milch mit dem Vanillemark und dem Zucker aufkochen. Die Eigelbe mit der Speisestärke und 1 bis 2 EL der heißen Milch verrühren. Unter Rühren in die Milch gießen und mehrmals aufwallen lassen. Vom Herd nehmen und die ausgedrückte Gelatine unterrühren und dabei auflösen. Die Creme fast erkalten lassen, dabei ab und zu umrühren, damit sich keine Haut bildet. Die Marzipanmasse unterrühren. Auf den Kuchenboden geben.

4 Die Orangen schälen und dabei möglichst sorgfältig die bittere weiße Innenhaut abziehen. Die Orangen mit einem Sägemesser oder am besten mit einer Aufschnittmaschine in gleichmäßig dünne – 3 mm starke – Scheiben schneiden. Den Zucker mit ⅛ l Wasser erhitzen und die Orangenscheiben schuppenartig hineinlegen. Sofort vom Herd nehmen, zudecken und langsam auskühlen lassen. Die völlig kalten Scheiben herausnehmen und die Oberfläche der Torte damit überlappend belegen.

5 Die Orangenmarmelade mit 60 ml Wasser in einer kleinen Kasserolle 2 bis 3 Minuten kochen, durch ein feines Sieb streichen und die Orangenscheiben damit bestreichen. Die Mitte der Torte mit einer Maraschinokirsche garnieren.



**EINEN BETÖRENDEN DUFT** verströmen die Orangenblüten. Aus ihnen werden Tee und das Orangenblütenwasser hergestellt – ein traditionelles Würzmittel in der orientalischen Küche.

Eine Creme mit zartem Mandelaroma auf knusprigem Mürbteig ist die Basis für dieses Gebäck. Meist werden dafür die Orangen mit der Schale – natürlich nur von unbehandelter Ware – verwendet. Das ergibt zwar einen sehr kräftigen, aber auch deutlich bitteren Geschmack. Das folgende Rezept wird mit geschälten Orangen realisiert – und ist damit süßer und zarter im Geschmack!

**GESCHÄLTE ORANGENSCHEIBEN** verleihen der Torte nicht nur mehr Süße, sie sind auch weicher im Gefüge als jene mit Schale.

# Schokoladenroulade

Eiweiß-Biskuit mit kräftigem Schokoladengeschmack, gefüllt mit zarter Cognac-Buttercreme.

ZUTATEN

Für den Teig:

**8 Eiweiße**

**180 g Zucker**

**ausgeschabtes Mark von 1/2 Vanilleschote**

**100 g geschmolzene Kuvertüre**

**60 g Mehl**

Für die Buttercreme:

**100 g Zucker**

**30 g Speisestärke**

**2 Eigelbe**

**3/8 l Milch**

**etwas Puderzucker zum Besieben**

**250 g Butter**

**4 cl Cognac**

Außerdem:

**1 Backblech von 43 x 33 cm**

**Backpapier zum Auslegen**

**120 g Himbeerkonfitüre, durch 1 Sieb gestrichen**

**Kakaopulver und Puderzucker zum Besieben**

ZUBEREITUNG

1 Für den Teig die Eiweiße zu steifem Schnee schlagen, den Zucker langsam einrieseln lassen und weiterschlagen, bis der Schnee so fest ist, daß ein Messerschnitt sichtbar bleibt. Das Vanillemark unterheben und die lauwarme Kuvertüre vorsichtig unterziehen. Dadurch verliert die Masse stark an Volumen. Zuletzt das gesiebte Mehl unterheben.

2 Die Masse mit einem Spritzbeutel und Lochtülle Nr. 9 auf das mit Backpapier ausgelegte Backblech spritzen und weiterverarbeiten, wie im ersten Bild gezeigt. Die fertige Teigplatte auf ein Backpapier stürzen, erkalten lassen. Das andere Papier abziehen. Den Teig mit Konfitüre und Creme bestreichen und aufrollen (Bild 2) .

3 Für die Buttercreme die Hälfte des Zuckers mit der Speisestärke, den Eigelben und 1/4 der Milch in eine Schüssel geben und mit einem Schneebesen verrühren.

4 In der Zwischenzeit die restliche Milch mit dem restlichen Zucker in einem entsprechend großen Topf zum Kochen bringen. Die gut durchgerührte Speisestärke unter ständigem Rühren langsam und gleichmäßig in die kochende Milch gießen. Einige Male kräftig aufkochen, dabei ständig rühren, damit nichts am Topfboden ansetzt.

5 Die Creme in eine Schüssel füllen, mit Puderzucker besieben – damit sich keine Haut bildet – und erkalten lassen.
Die Creme durch ein Sieb streichen und anschließend in einer Schüssel glattrühren.

6 Die Butter schaumig rühren und unter ständigem Rühren löffelweise die Creme zugeben. Darauf achten, daß die Butter und die Creme die gleiche Temperatur haben. Mit dem Cognac aromatisieren. Die Oberfläche der Roulade mit Kakaopulver und Puderzucker besieben.
In 16 Stücke teilen.

Die Schokoladenmasse ohne Zwischenräume auf das Blech spritzen. Bei 200 °C im vorgeheizten Ofen 10 bis 12 Minuten backen. 10 Minuten auskühlen lassen.

Zur Roulade aufrollen. Dafür das Papier an der Vorderkante anfassen, hochheben und langsam nach hinten führen, so daß von selbst eine kleine Rolle entsteht.



**BEIM FLAMENCO** schwingen die Arme der Zigeunerinnen (brazos gitanos) zum Klang der Kastagnetten. Das Aussehen und die braune Farbe der Arme standen Pate für die Bezeichnung der Schokoladenroulade.

**SOLCHE SCHOKOLADENBISKUITROULADEN,** mit weißer Creme gefüllt, heißen im spanischen Volksmund auch »brazo gitano« – in Anspielung auf die braunen Arme der hübschen Zigeunerinnen.

# Mazurek

Ein knuspriges Mandelgebäck, das in Polen und in der Ukraine gleichermaßen beliebt ist.

ZUTATEN

Für den Teig:

**350 g Mehl**

**250 g Puderzucker**

**$^{1}/_{4}$ TL Salz**

**ausgeschabtes Mark von 1 Vanilleschote**

**5 hartgekochte Eigelbe**

**250 g weiche Butter**

Für den Belag:

**1 Ei**

**30 g Puderzucker**

**200 g gehobelte Mandeln**

Außerdem:

**1 Backblech**

**Butter und Mehl für das Blech**

ZUBEREITUNG

1 Das Mehl mit dem Puderzucker und dem Salz in eine Schüssel sieben. Das Vanillemark zufügen. Die hartgekochten Eigelbe mit einem Löffel durch ein sehr feines Sieb dazudrücken. Die weiche Butter in Flöckchen dazugeben und alles mit einem Löffel kräftig zusammenrühren.

2 Den Teig auf die bemehlte Arbeitsfläche geben und mit den Händen glattkneten. Aus dem Teig eine Kugel formen, in Folie hüllen und 1 bis 2 Stunden im Kühlschrank ruhen und fest werden lassen.

3 In der Zwischenzeit das Backblech leicht fetten, mit Mehl bestauben und das überschüssige Mehl abklopfen. Den Teig etwa $^{1}/_{2}$ cm dick in Blechgröße ausrollen. Mit Hilfe eines Rollholzes auf das Blech bringen, wie in der Bildfolge gezeigt, und die Ränder fest andrücken.

4 Für den Belag das Ei mit dem Puderzucker verrühren und den Teig damit bestreichen. Mit einer Gabel die gesamte Teigfläche in kurzen Abständen einstechen, damit sich beim Backen keine Blasen bilden. Mit den gehobelten Mandeln bestreuen und diese mit dem Rollholz oder mit der Hand leicht andrücken.

5 Das Gebäck bei 190 °C in den vorgeheizten Ofen schieben und in etwa 20 Minuten schön hellbraun backen. Herausnehmen und noch warm schneiden, wie gezeigt.

6 Wer das Gebäck lagern möchte, muß es vollständig abkühlen lassen und in eine gut schließende Dose geben.

Es ist zwar ein Gebäck, das man das ganze Jahr über zum Tee oder zu einem Glas süßen Wein reichen kann, ganz wie die Biscotti di Prato aus der Toskana. In Polen aber wird Mazurek vor allem für die Festtage um Weihnachten und Neujahr gebacken. Man kennt von diesem Rezept auch eine Variante: Eine feste, mit Schokolade gemischte Baisermasse wird nach der halben Backzeit über die Mandeloberfläche gestrichen und fertiggebacken.

Den Teig mit dem Rollholz aufnehmen und über dem Backblech wieder abrollen. Die Ränder festdrücken.

Sofort schneiden, wenn das Gebäck aus dem Ofen kommt, dafür in 6 x 3 cm große Stücke einteilen.

**FRISCH AUS DEM OFEN** schmecken sie besonders fein. Aber eigentlich ist Mazurek ein Dauergebäck, das in Polen traditionell während der Feiertage um den Jahreswechsel gereicht wird.

# Flockenschnitten

Die geschmackliche Harmonie von kross gebackenem Brandteig und leicht gesüßter Sahne ist vom »Windbeutel« bekannt.

## ZUTATEN

Für den Brandteig:

**200 ml Wasser**

**70 g Butter**

**1/2 TL Salz**

**1 TL Zucker**

**200 g Mehl**

**5 Eier**

Für die Füllung:

**300 g frische Himbeeren**

**50 g Puderzucker**

**1 EL Rum**

**3/4 l Sahne**

**80 g Zucker**

Außerdem:

**Butter und Mehl für die Backbleche**

**1 EL Puderzucker zum Bestauben**

## ZUBEREITUNG

1 Den Brandteig zubereiten, wie auf Seite 150 beschrieben. 2 Backbleche leicht fetten und mit Mehl bestauben. Weiterverfahren, wie gezeigt.

2 Für die Füllung die Himbeeren säubern, mit dem Puderzucker bestauben, mit dem Rum beträufeln und mit einer Gabel grob zerdrücken. Etwas durchziehen lassen. Die Sahne mit dem Zucker steif schlagen. 2/3 davon mit der Himbeermasse vermischen.

3 Die mit der Himbeersahne zusammengesetzten Teigstreifen rundum, also Oberfläche und Ränder, mit der restlichen Sahne einstreichen und mit den Flocken bestreuen. Die Oberfläche leicht mit Puderzucker bestauben. Möglichst in 2 bis 3 Stunden servieren.

Süß-saure Früchte wie die Himbeeren dieses Rezepts oder die Preiselbeeren der Flockentorte bringen einen weiteren geschmacklichen Akzent mit – ganz einfach delikat. Aber egal ob Torte oder Schnitten, das Gebäck schmeckt wirklich nur ganz frisch. Zum einen, weil die Sahne ohne Bindung nur begrenzt haltbar ist, und zum anderen, weil die Brandteigstreifen im »knusprigen Kontrast« zur fruchtig-cremigen Sahne stehen müssen.

Je die Hälfte des Brandteigs dünn auf die vorbereiteten Bleche streichen. Bei 250 °C im vorgeheizten Ofen in 15 Minuten hellbraun backen.

Die Teigplatten vorsichtig von den Blechen lösen und erkalten lassen. Eine der Platten in 3 Streifen von je 10 cm Breite schneiden.

Die zweite Teigplatte mit einem langen Messer mit Sägeschliff in kleine, gleichmäßige Stücke beziehungsweise Flocken schneiden.

Einen Teigstreifen mit der Mischung bestreichen, den zweiten und dritten Teigstreifen aufsetzen, dabei jeweils mit der Füllung bestreichen.



**FLOCKENTORTE MIT PREISELBEEREN.** Die Himbeeren werden durch Preiselbeerkompott ersetzt, und der Brandteig wird zu runden Böden geschnitten. Die übrigen Zutaten und die Zubereitung sind identisch.

# Kleine Kümmelkuchen

Gefüllt mit einem Butterflöckchen, das für den feinen Geschmack sorgt.

## ZUTATEN

Für 24 Stück

Für den Teig:

**750 g Weizenmehl Type 405**

**42 g frische Hefe**

**1 TL Zucker**

**1/8 l lauwarme Milch**

**1/4 l lauwarmes Wasser**

**1 1/2 TL Salz**

**2 Eier**

**120 g Butter, in Flöckchen**

**ungemahlene Kümmelsamen zum Bestreuen**

Außerdem:

**Fett für das Backblech**

**1 Eigelb, verquirlt mit 2 EL Milch**

## ZUBEREITUNG

1 Das Mehl in eine Schüssel sieben und in die Mitte eine Mulde drücken. Die Hefe hineinbröckeln, den Zucker zugeben. Die Milch mit dem Wasser vermischen und etwa 6 EL davon in die Mulde geben. Alle Zutaten der Mulde miteinander verrühren, dabei etwas Mehl vom Rand mit untermischen. Den Ansatz mit Mehl bestauben, die Schüssel mit einem sauberen Tuch bedecken und an einen warmen Ort stellen. Den Teig etwa 15 Minuten gehen lassen, bis die Oberfläche starke Risse zeigt.

2 Das Salz, die restliche Flüssigkeit sowie die Eier zum Vorteig geben und alles zunächst mit einem Rührlöffel verrühren. Mit den Händen kneten, bis ein geschmeidiger Teig entstanden ist. Diesen zu einer Kugel formen und erneut zugedeckt gehen lassen, bis sich das Teigvolumen verdoppelt hat – das dauert etwa 30 Minuten.

3 Den Teig kurz durchkneten und in 24 Kugeln zu je etwa 50 g formen. Ein Backblech fetten. Die Teigkugeln darauflegen und weiterverfahren, wie in der Bildfolge rechts gezeigt. Die vorbereiteten Teigkuchen nochmals 15 bis 20 Minuten gehen lassen. Bei 200 °C im vorgeheizten Ofen backen.

Die Teigkugeln auf dem Backblech etwas flachdrücken und mit einem runden Löffelstiel Vertiefungen eindrehen.

Die Teigstücke mit dem mit Milch verquirlten Eigelb bestreichen, dabei jedoch die Vertiefungen aussparen.

Jeweils 1 Butterflöckchen in die Vertiefungen setzen. Je nach Geschmackswunsch mit entsprechend viel Kümmel bestreuen.

Die Küchen Estlands, Lettlands und Litauens – die drei Länder unterscheiden sich in Kochtradition und Kultur ja doch erheblich – sind stark von jenen ihrer unmittelbaren Nachbarn geprägt; russische Einflüsse sind ebenso auszumachen wie polnische. Aber auch die deutsche Küche hat, insbesondere in Estland, durch die lange währende Herrschaft des Deutschen Ordens – noch heute sieht man vielerorts die verfallenen Ruinen aus dieser Zeit (13. Jahrhundert) – ihre Spuren hinterlassen. Aus kulinarischer Sicht können also die baltischen Staaten geradezu als Bindeglied zwischen Ost und West bezeichnet werden. Die Küchen der drei Länder sind als einfach, wohlschmeckend, aber nur selten raffiniert zu charakterisieren. Ein Beispiel für ihre solide Kost stellen die in diesem Rezept beschriebenen Hefebrötchen dar, die mit reichlich Kümmel, der neben dem Dill zu den wichtigsten Gewürzen der baltischen Küchen zählt, bestreut gebacken werden. Backwerk spielt dort ja generell eine große Rolle, ist doch Brot etwa für Estland mittlerweile ein wichtiger Exportartikel geworden. Allerdings weniger die Kümmelkuchen, als vielmehr diverse Brotsorten aus dunklem Roggenmehl.

**DIE NORD-ÖSTLICHE VARIANTE** von pikantem Gebäck zum Bier: tennisballgroße Hefekugeln, bestreut mit Kümmel und verfeinert mit frischer Butter, genau das richtige für die langen Winter.

# Profiteroles au fromage

Ein Klassiker aus Frankreichs Küchen, hier einmal pikant.

ZUTATEN

Für den Teig:

**$^{1}/_{8}$ l Flüssigkeit (halb Milch, halb Wasser)**

**60 ml Butter**

**$^{1}/_{4}$ TL Salz**

**110 g Weizenmehl Type 405**

**3 Eier**

**75 g frisch geriebener Hartkäse (etwa Gruyère)**

Für die Käsecreme:

**60 g Sahne**

**40 g rote Zwiebel**

**250 g Doppelrahmfrischkäse**

**1 EL gehackte Kräuter (Schnittlauch, Petersilie)**

**Salz**

**frisch gemahlener Pfeffer**

Außerdem:

**1 Ei**

**grobes Salz**

**Kümmel**

**Sesamsamen**

**Mohn**

ZUBEREITUNG

1 Den Brandteig zubereiten, wie in der Bildfolge gezeigt. Ein Backblech fetten. Die Brandmasse in einen Spritzbeutel mit Lochtülle Nr. 7 füllen und in Abständen von etwa 5 cm kleine Häufchen auf das Backblech spritzen. Die Kugeln mit Eigelb bestreichen und wahlweise mit Salz, Kümmel, Sesamsamen, Mohn oder Käse bestreuen.

2 Die Profiteroles bei 200 °C im vorgeheizten Ofen 10 bis 12 Minuten backen. Herausnehmen und auskühlen lassen.

3 Je nach Belieben mit Käsecreme füllen. Dafür die Sahne steif schlagen. Die Zwiebel schälen und in kleine Würfel schneiden. Den Frischkäse in einer Schüssel mit einer Gabel etwas verrühren und die Sahne untermischen. Die Zwiebelwürfel und die Kräuter unterrühren, salzen und pfeffern.

4 Die Bällchen aufschneiden. Die Käsemasse in einen Spritzbeutel füllen und auf die unteren Hälften der Bällchen spritzen. Jeweils den passenden Deckel aufsetzen und die fertigen Profiteroles auf einer Platte anrichten.

**Brandteig herstellen:**

Die Milch, das Wasser, die Butter und das Salz in einem Topf unter ständigem Rühren aufkochen.

Das gesiebte Mehl auf einmal in die kochende Flüssigkeit schütten, dabei kräftig weiterrühren.

Rühren, bis sich die Masse als Kloß vom Topfboden löst und diesen eine weiße Haut überzieht.

Die Masse in eine Schüssel umfüllen und etwas abkühlen lassen, dann 1 Ei unterrühren.

Das zweite Ei unter die Masse rühren, dann das letzte Ei unter Rühren einarbeiten.

Zuletzt den Käse unter die Brandteigmasse rühren, sie sollte gleichmäßig glänzen.



**SCHÖN RUND** werden die Profiteroles, wenn man den Brandteig mit Hilfe eines Spritzbeutels mit Lochtülle in ausreichendem Abstand auf ein Blech spritzt. So ist gewährleistet, daß die Profiteroles genügend Platz zum Aufgehen haben.

CHATEAU
12%vol.

# Tartelettes suisses und Käsewähe

Wenn es um Käse geht, ist sicher niemand so erfindungsreich wie die Schweizer.

ZUTATEN

TARTELETTES

**250 g Weizenmehl**

**125 g Butter**

**1 Ei, 1/4 TL Salz**

Für die Füllung:

**10 ml Sahne**

**10 ml Milch**

**3 Eier**

**300 g geriebener Greyerzer**

**Salz, Pfeffer**

**Muskatnuß**

KÄSEWÄHE

**400 g Weizenmehl**

**20 g frische Hefe**

**1/2 TL Salz**

**75 g Butter**

Für den Belag:

**80 g Zwiebeln**

**1 EL Butter**

**300 g geriebener Käse**

**3 Eier, verquirlt**

**150 ml Sahne**

**1 TL Salz, Pfeffer**

ZUBEREITUNG

TARTELETTES SUISSES

1 Das Mehl auf eine Arbeitsfläche sieben, in die Mitte eine Mulde drücken. Die Butter, das Ei, 1 bis 2 EL lauwarmes Wasser sowie das Salz hineingeben und alles schnell zu einem glatten Teig verarbeiten. Den Teig zu einer Kugel formen, in Folie wickeln und 1 bis 2 Stunden im Kühlschrank ruhen lassen.

2 Für die Füllung Sahne, Milch und Eier glattrühren. Den Käse untermischen. Mit Salz, Pfeffer und Muskatnuß würzen.

3 Den Teig auf einer leicht bemehlten Arbeitsfläche dünn ausrollen und 15 Tartelettefórmchen von 8 cm Durchmesser damit auslegen. Am Rand leicht andrücken, die überstehenden Ränder abschneiden. Die Käsemasse einfüllen, wie in dem Bild unten gezeigt, und die Tarteletts bei 220 °C im vorgeheizten Ofen etwa 25 Minuten backen.

**ZUM FÜLLEN** stellt man die Tarteletts am besten gleich auf ein Blech, dann braucht man sie nicht einzeln in den Ofen zu schieben. Die Käsemasse wird nur bis knapp unter den Rand der Förmchen eingefüllt, da sie beim Backen aufgeht.

KÄSEWÄHE

1 Aus den Zutaten mit 1/4 l lauwarmem Wasser einen Hefeteig zubereiten, diesen auf das Doppelte seines Volumens gehen lassen. 1 cm dick ausrollen, in eine gebutterte Form von 25 cm Durchmesser legen und nochmals 30 Minuten gehen lassen.

2 Inzwischen die Zwiebeln schälen, hacken und in zerlassener Butter glasig schwitzen. Mit dem Käse, den Eiern, Sahne, Salz und Pfeffer vermischen. Die Masse auf dem Teig verstreichen und die Käsewähe bei 220 °C im vorgeheizten Ofen etwa 30 Minuten backen.

**»TARTELETTES SUISSES«,** noch warm aus dem Ofen, sind ein hervorragender Partysnack, schmecken natürlich aber auch zu anderen Anlässen. Im Gegensatz zur Käsewähe werden sie nicht mit Hefe-, sondern mit Mürbteig zubereitet.

# Brot mit Ricotta und Mangold

Eigentlich eine kunstvoll geschichtete pikante Torte – mit saftiger vegetarischer Füllung und mediterraner Würze.

## ZUTATEN

Für 2 Brote von 25 cm Durchmesser

**750 g Weizenmehl Type 405**

**75 ml Olivenöl**

**1/2 TL Salz**

**frisch gemahlener Pfeffer**

Für die Füllung:

**1 kg Mangold**

**Salz**

**80 g Zwiebeln**

**25 g Butter**

**frisch gemahlener Pfeffer**

**1 EL gehackter Oregano**

**400 g Ricotta**

**1 Ei**

Außerdem:

**80 g zerlassene Butter**

**100 g frisch geriebener Parmesan**

**1/2 Eigelb, mit Wasser verquirlt**

## ZUBEREITUNG

1 Für den Teig das Mehl in eine Schüssel sieben. Öl, etwa 1/4 l Wasser, Salz und Pfeffer zufügen und alles zu einem glatten Teig verkneten. Zudecken und etwa 20 Minuten ruhen lassen.

2 Für die Füllung den Mangold von den Stielen befreien. Die Blätter unter fließendem kaltem Wasser waschen und in etwa 1 cm breite Streifen schneiden (die Stiele anderweitig verwenden). In kochendem Salzwasser 2 bis 3 Minuten blanchieren. Mit einem Schaumlöffel herausheben, abtropfen und abkühlen lassen, gut ausdrücken.

3 Die Zwiebeln schälen und fein hacken. Die Butter in einer Pfanne zerlassen und die Zwiebelwürfel darin hell anschwitzen. Die Mangoldstreifen 3 bis 4 Minuten mitschwitzen. Mit Salz, Pfeffer und Oregano würzen. Die Pfanne beiseite stellen und den Mangold abkühlen lassen.

4 Den Ricotta in einer Schüssel mit dem Ei glattrühren, Mangold untermischen und die Füllung abschmecken. Den Teig nochmals kurz durchkneten, halbieren und die Hälften auf einer bemehlten Arbeitsfläche zu Rollen formen.

5 Auf jeder Teigrolle 6 gleichgroße Stücke markieren. Weiterverfahren, wie in der Bildfolge unten gezeigt.

6 Ein Backblech mit etwas Öl fetten. Das gefüllte Brot mit den eingeschlagenen Teigrändern nach unten darauflegen. Die Oberfläche mit Butter bestreichen und mit einer Gabel einstechen. Das zweite Brot auf die gleiche Weise zubereiten. Beide Brote bei 200 °C im vorgeheizten Ofen 20 bis 25 Minuten backen.

4 der markierten Teile von der Teigrolle abtrennen; das 5. und 6. Stück bilden eine Portion.

Die Stücke zu Kugeln formen. Die 4 kleinen zu Fladen von 24 cm ∅, die große Kugel zu einem Fladen von 35 cm ∅ ausrollen.

Einen kleinen Fladen mit zerlassener Butter bestreichen und mit Parmesan bestreuen.

Einen weiteren kleinen Fladen mit dem Rollholz aufnehmen und paßgenau auf den vorbereiteten ersten Fladen legen.

Die Hälfte der Mangold-Ricotta-Füllung mit Hilfe einer Palette gleichmäßig auf dem zweiten Fladen verstreichen.

Den dritten Fladen auflegen, mit Butter bestreichen und mit Parmesan bestreuen. Mit dem vierten Fladen bedecken.

Großen Fladen mit Butter bestreichen, dabei 3 cm Rand freilassen. Mit Parmesan bestreuen, Fladenstapel aufsetzen.

Den Rand mit Eigelb bestreichen und leicht gefaltet nach innen einschlagen, so daß die Füllung völlig eingeschlossen ist.

**EIN WENIG ARBEITSAUFWAND** muß auf sich nehmen, wer dieses in Italien »Torta cappuccina« – Kapuzinertorte – genannte Meisterwerk backen möchte. Und genaues Arbeiten ist gefragt, denn die kleineren Teigfladen müssen gleich groß sein, damit die Ränder beim Aufeinanderschichten exakt abschließen. Aber die Mühe lohnt sich!

# Sfincione

Die sizilianische »Schwester«der neapolitanischen Pizza.

ZUTATEN

Für 4 Fladen

Für den Teig:

**500 g Weizenmehl Type 405**

**30 g frische Hefe**

**¹/₄ l lauwarme Milch**

**1 Ei**

**¹/₂ TL Salz**

Für den Belag:

**1 kg Tomaten**

**3 Knoblauchzehen**

**150 g Zwiebeln**

**1 TL Salz**

**4 EL Olivenöl**

**20 schwarze Oliven**

**200 g Caciocavallo**

**1 TL Oreganoblättchen**

Außerdem:

**Olivenöl für das Blech**

ZUBEREITUNG

1 Das Mehl in eine Schüssel sieben und in die Mitte eine Mulde drücken. Die Hefe in der Milch auflösen, in die Mulde gießen. Mit Ei und Salz zu einem lockeren Teig schlagen. Zur Kugel formen und zugedeckt etwa 40 Minuten gehen lassen.

2 Für den Belag die Tomaten blanchieren, häuten, Stielansatz und Samen entfernen. Das Fruchtfleisch in kleine Stücke schneiden. Knoblauch und Zwiebeln schälen, fein hacken und mit Tomaten, Salz und 2 EL Öl mischen.

3 Den Teig durchkneten und vierteln. 4 dicke Fladen mit breiten Rändern daraus formen. Zwei Backbleche mit Öl einfetten und die Fladen darauflegen. Die Tomatenmischung auf den Teigstücken verteilen. Die Oliven halbieren und entsteinen, den Käse in etwa 1 cm große Würfel schneiden. Oliven, Käse und Oregano auf die Tomaten streuen. Das restliche Öl darüberträufeln und die Fladen nacheinander bei 200 °C im vorgeheizten Ofen 25 bis 30 Minuten backen.

Ob nun beide, Pizza und Sfincione – oder »sfinciuni«, wie es im Dialekt heißt – auf gemeinsame Wurzeln zurückgehen, oder ob sich einer der herzhaften Kuchen auf den anderen zurückführen läßt, wird sich wohl nie entscheiden lassen. Jedenfalls streiten die Sizilianer energisch ab, daß Sfincione und Pizza identisch seien. Darin mag man ihnen insofern zustimmen, als der Teig für die pikanten sizilianischen Fladen ganz anders sein muß als für eine Pizza: dick, weich und an der Unterseite sowie am Rand dennoch knusprig. Beim Belag ist, wie bei der Pizza auch, Improvisieren zulässig; so manche Sfincione wird schon mal mit Salamischeiben oder Hackfleisch-Tomaten-Sauce (»ragù«) belegt, oder zum Grundrezept kommen Sardellenfilets hinzu. Ein Muß ist allerdings der sizilianische Caciocavallo, ein Hartkäse, der in Herstellung und Textur dem bekannteren Provolone gleicht. Möchte man Sfincione nicht, wie im Rezept angegeben, als Fladen zubereiten, sondern am Stück backen, rollt man den Hefeteig in der Größe des Backblechs aus und legt ihn auf das geölte Blech. Den Teig dann mit einer Gabel mehrmals einstechen, damit er beim Backen keine Blasen wirft. Den Tomatenbelag, wie angegeben, darauf verteilen und eventuell frische, grob zerzupfte Pfefferminzblättchen sowie etwas Basilikum aufstreuen. Die doppelte Menge an Oliven und 250 g Käse verwenden und die Sfincione auf dem Blech bei 220 °C im vorgeheizten Ofen 20 bis 25 Minuten backen.

**ZUR »CUCINA POVERA«,** also zur »Küche der Bauern und Hirten«, zählt der belegte Teigfladen in Sizilien – kommt er doch ganz ohne teure Zutaten aus und ist dennoch ein komplettes, sättigendes und vor allem köstliches Essen.

**FRISCH VOM BLECH** bieten die »sfincionari«, Sfincione-Bäcker und -Verkäufer, traditionell das herzhafte Gebäck an. Für ihre Kunden schneiden sie einfach ein Portionsstück ab.

# Register

# Impressum



**Projektleitung:** Marc Strittmatter, Dr. Maria Haumaier
**Redaktion:** Claudia Daiber
**Herstellung:** Renate Hausdorf
**Produktion:** Ute Hausleiter
**Layout:** Andreas Hubert, Medien Design
**Umschlaggestaltung:** Grafikhaus, München
**Umschlagfoto vorne:** StockFood, München: Jan-Peter Westermann
**Umschlagfoto hinten:** StockFood, München: Elizabeth Watt
**Satz:** Elisabeth Schimmer, Renate Hausdorf
**Druck:** Neografia, Slowakei
**Bindung:** Neografia, Slowakei



ISBN 3-7742-5006-5